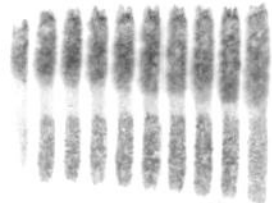

Schreiben üben!
Hebräisch

Die Schriftzeichen Schritt für Schritt lernen und trainieren

von
Tina Weidemann

Willkommen! !ברוכים הבאים

Willkommen zu Ihrem Schreibtraining „PONS Schreiben üben! Hebräisch!" In diesem Buch lernen Sie Schritt für Schritt alle Buchstaben des hebräischen Alphabets kennen. So können Sie das moderne Hebräisch lesen und schreiben, lernen aber auch die notwendigen Grundlagen, um das Althebräische lesen zu können.

Um Ihnen das Lesen unbekannter hebräischer Wörter zu erleichtern, haben wir die Wörter im Buch mit den Vokalzeichen versehen. Außerdem finden Sie auch eine Umschrift in eckigen Klammern, die das Lesen und die Aussprache erleichtert.

Zum Aufbau dieses Buches:

Das Buch besteht aus vier Teilen:

- **Einführung** in die Geschichte der Schrift und einen kurzen Überblick über das Alphabet und die Vokalzeichen
- Erlernen und Üben der einzelnen **Buchstaben der Druckschrift**
- Erlernen und Üben der **Schreibschrift**
- Trainieren des Lesens und Schreibens anhand von thematischen **Wortfeldern**.

Arbeiten mit dem Buch:

Wir empfehlen Ihnen, vor allem, wenn Sie Anfänger sind, das Buch zunächst in der vorgegebenen Reihenfolge zu bearbeiten. Wenn Sie einen neuen Buchstaben erlernen, beginnen Sie immer damit, diesen mehrfach auf den vorgegebenen Schreiblinien zu schreiben. Anschließend können Sie in verschiedene Übungen das Lesen und Schreiben der Buchstaben trainieren.

Wenn Sie das Schreibtraining zu den hebräischen Buchstaben gemeistert haben, können Sie den Bereich des thematischen Wortschatzes in einer beliebigen Reihenfolge bearbeiten. So können Sie die wichtigsten Wörter lesen, lernen und in kleinen Übungen sowohl die Bedeutung als auch die Schrift nochmals üben.

Viel Spaß und Erfolg wünscht Ihnen

Ihre PONS-Redaktion

Inhaltsverzeichnis

Einführung

Die Entwicklung der hebräischen Schrift

Hebräisch ist in vielerlei Hinsicht eine besondere Sprache: So finden wir die Buchstaben nicht in einem uns bekannten „Alphabet“, sondern in einem Alefbet. Genauso wie im Griechischen und Lateinischen besteht das Wort aus den ersten beiden Buchstaben, wobei der erste Buchstabe im Hebräischen jedoch alef heißt. Da Hebräisch außerdem zu den semitischen Sprachen gehört, werden die hebräischen Buchstaben von rechts nach links geschrieben:

עברית היא שפה מיוחדת!

[ivrit hi safa me'juchedet!]

Hebräisch ist eine besondere Sprache!

Die hebräische Schrift hat eine sehr lange und interessante Vergangenheit, die eng mit einem der bekanntesten Bücher der Welt verbunden ist – mit der Bibel. Die Texte der hebräischen Bibel im Judentum bzw. des Alten Testaments im Christentum sind fast alle auf Hebräisch geschrieben worden. Die hebräische Schrift selbst ist aber sogar noch älter als die ältesten Texte der Bibel. Im 2. Jahrtausend v. Chr. haben sich neben den Hieroglyphen- bzw. Bilderschriften auch erste Buchstabenschriften entwickelt. Dazu gehört das Kanaanäische, aus dem sich ca. im 1. Jahrtausend v. Chr. die althebräische Schrift ableitet. Sehr alte hebräische Manuskripte und Inschriften zeigen uns noch heute wie die Schrift aussah:

וישם לך שלום.

[we'jasem lecha schalom]

und er soll dir geben Wohlergehen

Zwischen dem 4. und dem 2. Jahrhundert v. Chr. veränderte sich die hebräische Schrift jedoch grundlegend. In dieser Zeit war Aramäisch die Hauptverkehrssprache im Nahen Osten. Ähnlich wie heute Englisch fand die internationale Kommunikation und der Handel auf Aramäisch statt.

Die aramäische Schrift war damals weit verbreitet und da Hebräisch und Aramäisch enge Verwandte sind, wurde nun auch für hebräische Texte die aramäische Quadratschrift verwendet. Diese Schriftreform war außerordentlich erfolgreich und die althebräische Schrift wurde nahezu vollständig verdrängt. Lediglich die Samaritaner, eine kleine Religionsgemeinschaft in Israel, lehnten die Reform ab und behielten die althebräische Schrift:

ࠔࠅࠌࠓࠅࠍ

[schomron]
Samaria (Eigenname)

Alle anderen Texte hingegen, auch die der Bibel, wurden jetzt in der neuen (aramäischen) Quadratschrift verfasst und so zur hebräischen Schrift, die wir bis heute noch für hebräische Texte verwenden:

בראשית ברא אלהים את השמיים ואת הארץ

[be'reschit bara elohim et ha'schamaim we'et ha'aretz]
Und am Anfang als Gott erschaffen hat den Himmel und die Erde

Eine Sache hat sich durch die Schriftreform allerdings nicht verändert. Schon seit der Ablösung aus dem Kanaanäischen ist Hebräisch eine reine Konsonantenschrift. Das heißt, dass im Hebräischen – anders als in den meisten anderen Sprachen – nur die Konsonanten und keine Vokale geschrieben werden. Wäre das Deutsche eine Konsonantenschrift, dann sähe der Satz „Hebräisch ist eine besondere Sprache" folgendermaßen aus:

Hbrsch st n bsndr Sprch.

Ein Leser / eine Leserin des Hebräischen muss also die fehlenden Vokale richtig ergänzen, um den Text lesen und verstehen zu können. Dafür ist jedoch Spracherfahrung und Übung nötig. Da im Laufe der Jahrhunderte die hebräischen Texte, z. B. die der Bibel aber in andere Sprachen wie z. B. Griechisch, Aramäisch oder Latein übersetzt wurden, konnten immer weniger Menschen gut genug Hebräisch, um die Sprache sprechen und lesen zu können. Um die richtige Aussprache und das richtige Verständnis der Texte jedoch zu bewahren, entwickelten die Masoreten, eine Gruppe von jüdischen Schreibern und Gelehrten, zwischen dem 5. und dem 10. Jahrhundert n. Chr. ein Punktierungssystem für die hebräischen Buchstaben. Die Vokalzeichen, kleine Striche und Punkte unter den Buchstaben, helfen nun bei der korrekten Aussprache und beim Verständnis der Konsonantentexte:

עִבְרִית הִיא שָׂפָה מְיֻחֶדֶת!

[ivrit hi safa me'juchedet!]
Hebräisch ist eine besondere Sprache!

Die hebräische Sprache wurde in dieser Zeit zunehmend zu einer reinen Schrift- bzw. Sakralsprache, denn sie wurde hauptsächlich im jüdisch-religiösen Bereich verwendet. Die biblischen Texte wurden aufwändig von ausgebildeten Schreibern geschrieben. Neben dieser (Druck)Schrift entwickelte sich ca. im 13. Jahrhundert eine fließende Schreib- bzw. Kursivschrift, die nicht für die biblischen Texte, sondern für die Kommentarliteratur oder andere handschriftliche Texte verwendet wurde:

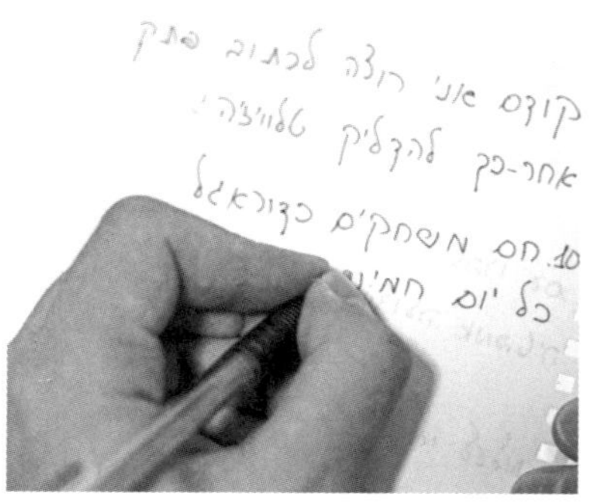

ככה אנחנו כותבים בעברית.

[kacha anachnu kotvim be'ivrit.]
So schreiben wir auf Hebräisch.

Anfang des 20. Jahrhunderts wurde Hebräisch als aktive Sprache durch die Gründung des modernen Staates Israel wiederbelebt und hat heute wieder ca. 10 Millionen aktive Sprecherinnen und Sprecher. Die Druckschrift wird heute für Bücher, Zeitungen, Straßenschilder, digitale Textdokumente verwendet und die Schreibschrift für handschriftliche Texte, Aufsätze, Notizen etc. Die Vokalzeichen werden nur selten verwendet, etwa für Namen, Straßenschilder und für Kinderbücher, denn es gibt wieder genügend Menschen, die Hebräisch heute ohne Vokalzeichen verstehen können.

Zudem hat sich im Laufe der Zeit die Druckschrift verändert. In älteren und religiösen Texten werden verzierte, kunstvolle Schriftzeichen verwendet:

ויהיה ערב ויהיה בוקר

[wayehi erev wayehi boker]
und es wurde Abend und es wurde Morgen

In Israel ist heute aber eine eher schnörkellose und klare Druckschrift gebräuchlich:

ברוכים הבאים לארץ ישראל

[bruchim ha'ba'im le'ertz israel]
Herzlich Willkommen in Israel

Im vorliegenden Buch lernen Sie die in Israel übliche klare Druckschrift, da diese leichter zu lesen ist und Ihnen in Israel häufiger begegnen wird.

Das hebräische Alefbet auf einen Blick

Das Hebräische Alefbet besteht aus 22 bzw. 23 Konsonanten. Manchmal werden 23 Konsonanten gezählt, da der Buchstabe ש doppelt belegt ist. Er kann sowohl ein „s“ als auch „sch“ verkörpern. Hebräisch wird von rechts nach links geschrieben und es gibt im Hebräischen keine Unterscheidung in Groß- und Kleinbuchstaben. Jedoch gibt es einige Buchstaben, die am Ende eines Wortes anders geschrieben werden, und damit eine zusätzliche „Endform“ (sofit) aufweisen.

Aussprache	Buchstabennamen		Buchstaben	
	Deutsch	Hebräisch	Druck	Kursiv
[ ] modern: stumm (im Althebräischen als fester Stimmeinsatz wie in „be'achten“)	Alef	אל"ף	א	א
[b] (wie A**b**end) oder [v] (wie Tel A**viv**)	Bet	בי"ת	ב	ב
[g] (wie in **g**ut)	Gimel	גימ"ל	ג	ג
[d] (wie in **D**ach)	Dalet	דל"ת	ד	ד
[h] (wie in **H**aus)	He	ה"א	ה	ה
[w] (wie in **W**asser), Halbvokal	Waw	ו"ו	ו	ו
[s] (wie in **S**albe), summend	Sajin	זי"ן	ז	ז
[ch] (wie in Ma**ch**t)	Chet	חי"ת	ח	ח
[t] (wie in **T**or)	Tet	טי"ת	ט	ט
[j/y] (wie in **J**erusalem), Halbvokal	Yod	יו"ד	י	י
[k] (wie in **K**och) oder [ch] (wie in ko**ch**en)	Kaf	כ"ף	כ	כ
[ch] (wie in ko**ch**en), Endbuchstabe	Kaf sofit	כ"ף סופית	ך	ך

[l] (wie in **L**and)	Lamed	למ”ד	ל	ל
[m] (wie in **m**alen)	Mem	מ”ם	מ	מ
[m] (wie in **m**alen), Endbuchstabe	Mem sofit	מ”ם סופית	ם	ם
[n] (wie in **n**eu)	Nun	נו”ן	נ	נ
[n] (wie in **n**eu), Endbuchstabe	Nun sofit	נו”ן סופית	ן	ן
[s] (wie in We**s**ten), stimmlos	Samech	סמ”ך	ס	ס
[ ] modern: stumm (im Althebräischen als fester Stimmeinsatz wie in „Be'urteilung“)	Ajin	עי”ן	ע	ע
[p] (wie in **P**aul) oder [f] (wie in **F**isch)	Pe	פ”א	פ	פ
[f] (wie in **F**isch), Endbuchstabe	Pe sofit	פ”א סופית	ף	ף
[tz] (wie in Ka**tz**e)	Zadi	צד”י	צ	צ
[tz] (wie in Ka**tz**e), Endbuchstabe	Zadi sofit	צד”י סופית	ץ	ץ
[k] (wie in **k**alt)	Kof	קו”ף	ק	ק
[r] (wie in **r**asch)	Resch	רי”ש	ר	ר
[sch] (wie in **sch**nell)	Schin	שׁי”ן	שׁ	שׁ
[s] (wie in We**s**ten), stimmlos	Sin	שׂי”ן	שׂ	שׂ
[t] (wie in **T**or)	Taw	ת”ו	ת	ת

Buchstabengruppen im Hebräischen

Die meisten Buchstaben sind einfache Konsonanten. Darüber hinaus gibt es drei Buchstabengruppen, die bei der Aussprache Besonderheiten aufweisen.

Kehllaute:

Zu den Kehllauten gehören Alef א, He ה, Chet ח und Ajin ע.

Im Althebräischen wurden Alef א und Ajin ע noch hörbar als Knacklaut gesprochen. Im heutigen gesprochenen Hebräisch sind sie stumm. Das heißt sie werden weiterhin geschrieben, sind aber nicht mehr hörbar.

He ה und Chet ח hingegen sind weiterhin hörbar. He ה wird am Beginn eines Wortes oder einer Silbe als h ausgesprochen, wie in **H**aus oder Gesund**h**eit. Am Ende eines Wortes zeigt ה jedoch meistens die Dehnung eines Vokals an. Ähnlich dem deutschen Dehnungs-H, z. B. in Ku**h.** Im Buch finden Sie zu allen hebräischen Wörtern in eckigen Klammern eine Umschrift. Steht He ה am Ende eines Wortes als "Dehnungs-H" taucht es nicht in der Umschrift auf.

Chet ח ist dagegen immer ein starkes, tiefes ch.

Harte und weiche Aussprache

Drei hebräische Konsonanten verfügen über zwei unterschiedliche Aussprachemöglichkeiten: Sie können hart oder weich ausgesprochen werden:

Bet ב = weich (v) oder hart (b)

Kaf כ = weich (ch) oder hart (k)

Pe פ = weich (f) oder hart (p)

Am Wortanfang und am Anfang einer Silbe werden Bet ב, Kaf כ und Pe פ hart ausgesprochen.

Am Wortende ist nur eine weiche Aussprache möglich. Aus diesem Grund werden die Endbuchstaben zu Kaf sofit ך und Pe sofit ף immer weich ausgesprochen.

Wenn Vokalzeichen bzw. Punktation in hebräischen Texten verwendet wird, wird die harte Aussprache mit einem Punkt im Konsonanten gekennzeichnet:

בּ = b

כּ = k

פּ = p

Halbvokale

Zu den besonderen Konsonanten gehören außerdem Waw ו und Yod י. Die beiden Buchstaben sind zur Hälfte Vokal und zur Hälfte Konsonant. Das heißt sie haben ebenfalls zwei Aussprachemöglichkeiten:

Waw ו = w (am Wortanfang) und u/o oder w im Wortinneren

Yod י = y (am Wortanfang) und i oder y im Wortinneren

Sonderbuchstaben

Einige Laute aus anderen Sprachen kann das Hebräische nicht mit den eigenen Buchstaben ausdrücken. Für Laute wie im englischen „Georgia", „Chips" oder im französischen „Jacques" gibt es keine passenden hebräischen Buchstaben. Dafür werden drei hebräische Konsonanten „recycelt":

Gimel mit Apostroph ג':

Gimel mit Apostroph wird für [dsch] vor allem für englische Wörter verwendet, z. B. für

George [dschordsch] ג'וֹרְג'

Georgia (USA) [dschordschia] ג'וֹרְגְ'יָה

Zadi mit Apostroph צ':

Zadi mit Apostroph drückt [tsch] aus, ebenfalls vor allem für englische Wörter:

Chips / Pommes frites [tschips] צ'יפְּס

Chile [tschile] צ'ילֶה

Sajin mit Apostroph ז':

Sajin mit Apostroph wird vor allem für Wörter aus dem Französischen verwendet:

Jacques [schak] זָ'אק

Jackett [schaket] זָ'קֶט

Die Vokalzeichen

Die Vokalzeichen werden jeweils unter dem Konsonanten platziert. Beim Lesen wird zuerst der Konsonant und danach der Vokal gelesen. Alle Vokale werden im Hebräischen deutlich kürzer gesprochen als z. B. im Deutschen.

Der Vokal a

Der Vokal **a** kann durch drei verschiedene Vokalzeichen ausgedrückt werden. Im Althebräischen wurden dadurch lange und kurze Vokale unterschieden. Im Modernhebräischen ist kaum mehr ein Unterschied hörbar.

a =	ָ	מָ	[ma]
	ַ	נַ	[na]
	ֲ	חֲ	[cha]

Der Vokal e

Der Vokal **e** kann ebenfalls durch drei verschiedene Vokalzeichen ausgedrückt werden. Der Vokal **e** ist im Hebräischen eine Mischung aus **e** und **ä**. Die beiden Laute liegen sehr nah beieinander.

Vokal	Vokalzeichen im Hebräischen	Beispiel mit Konsonant	
e =	ֵ	מֵ	[me]
	ֶ	שֶׁ	[sche]
	ֱ	הֱ	[he]

Betonung: Fast alle hebräischen Wörter werden hinten betont, z. B. [safá], שָׂפָה (*Sprache*) oder [regá] רֶגַע (*Moment*). Nur wenige Wörter werden vorne betont. Meistens handelt es sich dabei um Wörter, die zwei „e" hintereinander beinhalten, z. B. [sché-mesch] שֶׁמֶש (*Sonne*) oder [é-retz] אֶרֶץ (Land).

Übung 1: Vokalzeichen einfügen

Ergänzen Sie unter den hebräischen Konsonanten das Vokalzeichen für a oder e. Nutzen Sie dabei die verschiedenen Möglichkeiten.

1.

[ta]	ת
[he]	ה

2.

[ra]	ר
[le]	ל

3.

[sa]	ס
[da]	ד

4.

[tze]	צ
[scha]	שׁ

Die Vokalzeichen ◌ַ und ◌ָ sowie ◌ֵ und ◌ֶ können mit allen 22 Konsonanten kombiniert werden. Die Vokalzeichen ◌ֲ und ◌ֱ können nur mit den Konsonanten א (Alef), ה (Heh), ח (Chet) und ע (Aijin) kombiniert werden.

Übung 2: a oder e

Ergänzen Sie die Umschrift der folgenden Konsonanten mit a oder e.

Beispiel: לָ = la

חֲ	טָ	חַ	תָ	סֶ	דֵ
1. [ch__]	2. [t__]	3. [ch__]	4. [t__]	5. [s__]	6. [d__]

רַ	צַ	גָ	טֶ	חֱ	נֵ
7. [r__]	8. [tz__]	9. [g__]	10. [t__]	11. [ch__]	12. [n__]

Der Vokal i

Der Vokal i wird nur mit einem Vokalzeichen ausgedrückt. Häufig wird dieses auch in Kombination mit dem Halbvokal י (Yod) verwendet.

Vokal	Vokalzeichen im Hebräischen	Beispiel mit Konsonant	
i =	ִ	לִ	[li]
	ִי	מִי	[mi]

Übung 3: a, e oder i

Ergänzen Sie die Umschrift der folgenden Konsonanten mit a, e oder i.

בִּ	הֲ	טִי	יַ	שָ	זִי
1. [b__]	2. [h__]	3. [t__]	4. [y__]	5. [sch__]	6. [s__]

פֵּ	נֶ	גִ	קֶ	מִי	כִּ
7. [p__]	8. [n__]	9. [g__]	10. [k__]	11. [m__]	12. [k__]

Übung 4: Lückentext a,e und i

Ergänzen Sie die Umschrift der hebräischen Wörter.

1. Lied [sch__r] שִׁיר
2. Meer [y__ m] יָם
3. Sonne [sch__m__sch] שֶׁמֶשׁ

Der Vokal o

Der Vokal o hat ebenfalls nur ein Vokalzeichen. Häufig taucht o zusammen mit dem Halbvokal ו (Waw) auf.

Vokal	Vokalzeichen im Hebräischen	Beispiel mit Konsonant	
o =	ֹ	בֹּ	[bo]
	וֹ	רוֹ	[ro]

Der Vokal u

Der Vokal u hat ebenfalls nur ein Vokalzeichen. Häufiger wird u in der der Verbindung mit dem Halbvokal ו (Waw) verwendet.

Vokal	Vokalzeichen im Hebräischen	Beispiel mit Konsonant	
u =	ֻ	רֻ	[ru]
	וּ	תוּ	[tu]

Eine kleine Eselsbrücke:

Das Vokalzeichen für **o** steht immer **oben**, über dem Konsonanten.

Das Vokalzeichen für **u** geht nach **unten** und steht im Konsonant Waw **unten**: וּ

Übung 5: o oder u

Ergänzen Sie bei den hebräischen Konsonanten das Vokalzeichen für o oder u.

1.

[lo]	לו
[hu]	הו

2.

[ku]	ק
[bo]	בּ

Übung 6: o, u oder i

Ergänzen Sie die Umschrift der folgenden Konsonanten mit o, u oder i.

שׁוּ	קֹ	נֻ	סוֹ	זֹ	צוּ
1. [sch__]	2. [k__]	3. [n__]	4. [s__]	5. [s__]	6. [tz__]

טִי	כֹּ	דִ	רוֹ	הִי	פֹּ
7. [t__]	8. [k__]	9. [d__]	10. [r__]	11. [h__]	12. [p__]

Übung 7: Vokalzeichen a, e, i, o und u

Ergänzen Sie die Umschrift der hebräischen Wörter.

1. Hallo, Friede	[sch__l__m]	שָׁלוֹם
2. Film	[s__r__t]	סֶרֶט
3. Russisch	[r__s__t]	רוּסִית
4. Saft	[m__tz]	מִיץ

Übung 8: Gemischte Vokalzeichen

Ergänzen Sie die Konsonanten anhand der Umschrift mit dem passenden Vokalzeichen. Manchmal gibt es mehrere Möglichkeiten.

1. מ	2. ס	3. ג	4. ל
[ma]	[si]	[ge]	[la]

5. נ	6. ז	7. ר	8. שׁ
[ni]	[se]	[ru]	[scho]

Kombinierte Vokalzeichen

Einige Vokalzeichen können auch miteinander kombiniert werden. Dadurch ergibt sich eine besondere Aussprache.

Kombination aus a und i

ַי	=	ai	הַי	[hai]
ַיִ	=	ai	מַיִם	[maim] Wasser

Kombination aus e und Konsonant י (Yod):

ֵי	=	ey	מֵי	[mey]
ֶי	=	ey	תֶי	[tey]

Übung 9: Kombinierte Vokalzeichen

Ergänzen Sie die Umschrift der folgenden Konsonanten mit den kombinierten Vokalzeichen.

דַי	פֵּי	שַׁי	חֶי	זֵי	בַּי
1. [d__ __]	2. [p__ __]	3. [s__ __]	4. [ch__ __]	5. [s__ __]	6. [b__ __]

תֵי	בֶי	גַי	פֶי	רַי	כַי
7. [t__ __]	8. [v__ __]	9. [g__ __]	10. [f__ __]	11. [r__ __]	12. [ch__ __]

Übung 10: Lückentext kombinierte Vokalzeichen

Ergänzen Sie die Umschrift der hebräischen Wörter.

1. Haus	[b__ __t]	בַּיִת
2. Café	[b__ __t k__f__]	בֵּית קָפֶה
3. Sinai	[s__n__ __]	סִינַי
4. Jemen	[t__ __m__n]	תֵּימָן
5. Olive	[s__ __t]	זַיִת

Vokalzeichen mit א und ע

Die Konsonanten א (Alef) und ע (Ajin) gehören zu den Kehllauten, sind aber im Modernhebräischen stumm. Das bedeutet, dass nur der zugehörige Vokal hörbar ist. Dennoch müssen א und ע natürlich geschrieben werden. Hebräische Wörter, die hörbar mit einem Vokal (e,a,i,o,u) beginnen, haben somit ein א oder ע als Anfangsbuchstaben.

אֲ	=	a	אֲנִי	[ani] ich
עִ	=	i	עִיר	[ir] Stadt

Übung 11: Vokale ergänzen

Ergänzen Sie die Umschrift von א und ע mit den entsprechenden Vokalen.

אִי	עֱ	אָ	עוּ	אֵי	עֵ
1. [__]	2. [__]	3. [__]	4. [__]	5. [__ __]	6. [__]

אַי	עֶ	אֹ	עִ	אַ	עַי
7. [__ __]	8. [__]	9. [__]	10. [__]	11. [__]	12. [__ __]

Übung 12: Die Konsonanten א und ע

Ergänzen Sie die Umschrift der hebräischen Wörter.

1. Arbeit	[__v__d__]	עֲבוֹדָה
2. Frühling	[__v__v]	אָבִיב
3. Liebe	[__h__v__]	אַהֲבָה
4. Zeitung	[__t__n]	עִיתוֹן

Das Schwa-Zeichen :

Zusätzlich zu den bisher genannten Vokalzeichen, verwendet das Hebräische das Schwa-Zeichen, das wie die anderen Vokalzeichen unter einen Konsonanten gesetzt wird. Es gibt zwei Aussprachemöglichkeiten für Schwa.

Schwa ist stumm:
Im Modernhebräischen ist Schwa oft stumm und wird nicht gesprochen. Nur der Konsonant unter dem Schwa steht, ist zu hören. Meistens begegnet man einem stummen Schwa im Wortinneren und manchmal auch am Beginn eines Wortes.

שְׂ	=	s	יִשְׂרָאֵל	[i**s**rael] Israel
גְ	=	g	גְלִידָה	[**g**lida] Eis

Schwa wird als kurzes e gesprochen:
In einigen Wörtern und vor allem in Präpositionen, die nur aus einem Buchstaben bestehen wird Schwa als sehr kurzes **e** gesprochen. Es dient außerdem als Aussprachehilfe zwischen zwei Konsonanten, die sich schlecht hintereinander aussprechen lassen.
Präpositionen mit gesprochenem Schwa:

לְ	=	l**e**	[l**e**] hin, zu, für
בְּ	=	b**e**	[b**e**] in
וְ	=	w**e**	[w**e**] und

Schwa als Aussprachehilfe

דְ	=	de	לָמַדְתִי	[lamad**e**ti] ich habe gelernt
יְ	=	ye	יְכוֹלִים	[y**e**cholim] können, Plural

Keine Sorge: Mit zunehmender Übung und größerem Wortschatz, bekommen Sie ein Gefühl dafür, wann Schwa stumm ist und wann es gesprochen wird. Um den Anfang zu erleichtern, wird in den folgenden Übungen oder in der Umschrift angegeben, ob Schwa stumm ist oder als **e** gelesen wird.

Übung 13: Wörter mit Schwa

Ergänzen Sie die Umschrift der hebräischen Wörter.

1. Käse	[gv__n__]	(stummes Schwa)	גְבִינָה
2. Hebräisch	[__vr__t]	(stummes Schwa)	עִבְרִית
3. wohin	[l__' __n?]	(gesprochenes Schwa)	לְאָן?
4. wirklich	[b__' __m__t]	(gesprochenes Schwa)	בֶּאֱמֶת
5. Zeit	[sm__n]	(stummes Schwa)	זְמַן
6. Kinder	[y__l__d__m]	(gesprochenes Schwa)	יְלָדִים

Übung 14: Vokalzeichen

Ergänzen Sie die Umschrift der folgenden Konsonanten.

אָ	גֶ	לַי	הוּ	סֹ	נֻ
1. [__]	2. [g__]	3. [l__ __]	4. [h__]	5. [s__]	6. [n__]

עֵי	חֱ	יָ	צֵי	פַ	כִּ
7. [__ __]	8. [ch__]	9. [y__]	10. [tz __ __]	11. [f__]	12. [k__]

שִׁי	אוֹ	קָ	חוֹ	רֵי	זֶ
13. [sch__]	14. [__]	15. [k__]	16. [ch__]	17. [r __ __]	18. [s__]

מִ	שֶׁ	בַּי	טֶ	דַ	עִי
19. [m__]	20. [sch__]	21. [b __ __]	22. [t__]	23. [d__]	24. [__]

Übung 15: Vokalzeichen

Ergänzen Sie die Umschrift der hebräischen Wörter.

1. Auge	[__ __n]		עַיִן
2. Jerusalem	[y__r__sch__l__ __m]	(gesprochenes Schwa)	יְרוּשָׁלַיִם
3. in Ordnung	[b__ s__d__r]	(gesprochenes Schwa)	בְּסֵדֶר
4. nein, nicht	[l__]		לֹא
5. Familie	[m__schp__ch__]	(stummes Schwa)	מִשְׁפָּחָה
6. Olive	[s__ __t]		זַיִת
7. Dattel	[t__m__r]		תָּמָר
8. Musik	[m__s__k__]		מוּזִיקָה
9. Tel Aviv	[t__l __v__v]		תֵּל אָבִיב
10. Geschäft	[ch__n__t]		חֲנוּת
11. Tisch	[sch__lch__n]	(stummes Schwa)	שׁוּלְחָן
12. Blume	[p__r__ch]		פֶּרַח
13. ein bisschen	[k’tz__t]	(stummes Schwa)	קְצָת
14. Herz	[l__v]		לֵב
15. Mantel	[m__ __l]	(gesprochenes Schwa)	מְעִיל

Die Druckschrift

Die Buchstaben א, ה, י, מ, נ und ת

Ziehen Sie die Buchstaben nach und schreiben Sie sie freihändig mehrmals von rechts nach links auf die Zeile.

Alef [stumm] א

Ziehen Sie eine schräge Line von links oben nach rechts unten.
Fügen Sie oben und unten zwei „Arme" hinzu. Die Arme können leicht geschwungen oder gerade sein.

א

He [h] ה

Beginnen Sie links oben und ziehen Sie eine waagerechte Linie nach rechts.
Ziehen Sie die Line weiter bis nach unten auf ihre Schreiblinie.
Fügen Sie links von oben nach unten ein „Bein" hinzu.
Wichtig: Das linke „Bein" von He berührt die waagerechte Linie oben **nicht**.

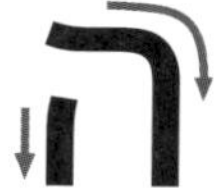

ה

Yod [y/i] י

Beginnen Sie rechts oben. Zeichnen sie einen kleinen Strich von oben nach unten.
Der Strich reicht nicht bis auf die Schreibzeile, sondern „schwebt".

י

Übung 1: Buchstaben kombinieren

Ergänzen Sie die Umschrift und schreiben Sie die Buchstabenkombinationen mehrmals auf die Zeile.

1. sie (Einzahl, weiblich) [h__] הִיא

הִיא

2. Hi [h__ y] הַיי

הַיי

3. Ah! [__h] אָה!

אָה

4. Aya (Eigenname) [aya] אַיָה

אַיָה

5. Yah! (Ausruf) [ya] יָה!

יָה

Übung 2: Buchstabensuche א

Markieren Sie im folgenden Text zuerst alle א, dann alle ה und am Ende alle י.

היום אין שיעור בביתה. כל התלמידים במוזאון.
מה הם עושים שם? הם לומדים על היסטוריה ועל
אומנות. המורה מסביר הכול עם הרבה סבלנות.
השיעור נגמר וכולם הולכים לאכול גלידה.

Mem [m] מ

Beginnen Sie mit einem kleinen Strich in der linken oberen Ecke.
Ziehen Sie von dort ausgehend eine Linie nach unten links. Ausgehend vom kleinen Strich oben fügen Sie einen Bogen nach rechts unten hinzu. Ziehen Sie eine gerade Linie am Boden der Schreiblinie. Die Linie reicht nicht bis in die linke untere Ecke.

Nun [n] נ

Beginnen Sie oben und ziehen mittig ein kleines „Dach“. Ziehen Sie eine gerade Linie senkrecht nach unten.
Ziehen sie einen kurzen Standfuß, der parallel zum „Dach“ liegt und in etwa genauso lang ist.

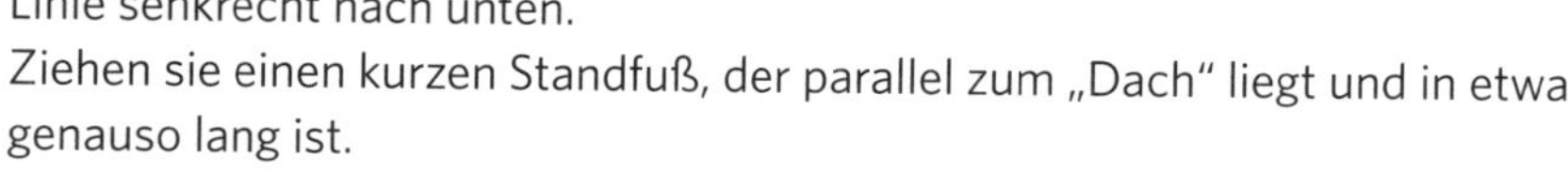

Taw [t] ת

Beginnen Sie wie bei ה in der linken oberen Ecke und ziehen Sie eine waagerechte Linie nach rechts. Ziehen Sie die Linie weiter bis nach unten auf die Schreiblinie.
Fügen Sie links von oben nach unten ein „Bein“ hinzu. Das Bein berührt die obere Linie und endet in einem kleinen Fuß.

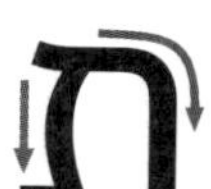

Übung 3: Buchstaben kombinieren

Ergänzen Sie die Umschrift und schreiben Sie die Wörter mehrmals auf die Zeile.

1. Wer? [m_?] ?מִי

2. Mutter [_m_] אִימָא

3. Geschenk [m_t_n_] מַתָנָה

4. ich [_n_] אֲנִי

אֲנִי

5. Du (männlich) [_t_] אַתָה

6. Was? [m_?] ?מָה

מָה

Übung 4: Wortpaare

Verbinden Sie die hebräischen Wörter mit der passenden Umschrift.

1. [ah]	הִיא
2. [ani]	אַתָה
3. [hai]	מַתָנָה
4. [hi]	מָה
5. [ma]	הַיי
6. [matana]	אֲנִי
7. [ata]	אָה

Mem Sofit [m] ם

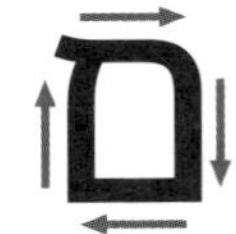

Steht Mem als letzter Buchstabe eines Wortes, erhält es eine besondere Form. Beginnen Sie in der linken oberen Ecke und ziehen Sie eine Linie in die rechte obere Ecke. Vor dort aus ziehen Sie die Linie weiter bis in die rechte untere Ecke und weiter in die linke untere Ecke.
Schließen Sie Mem Sofit mit einer Linie von der linken unteren Ecke in die linke obere Ecke.

Nun sofit [n] ן

Steht Nun als letzter Buchstabe eines Wortes erhält es eine besondere Form. Beginnen Sie mit Nun wie gewohnt mit einem kleinen „Dach". Ziehen Sie Nun sofit nun nach unten, ein Stück **unter** die Schreiblinie.

Übung 5: Lückentext

Ergänzen Sie mithilfe der Umschrift bei den Wörtern Mem / Mem sofit oder Nun / Nun sofit.

1. Wein	[yain]	יי_
2. Wasser	[maim]	_י_
3. Natan (= Eigenname)	[natan]	_ת_
4. Meer	[yam]	י_

Übung 6: Erste Sätze schreiben

Ergänzen Sie die Umschrift und schreiben Sie den Satz auf die Schreibzeile.

1. Wer bist du? [m__ __t__?] מִי אַתָּה?

2. Hi, ich bin Mati! [h__y, __n__ m__t_!] הַיי, אֲנִי מָתִי!

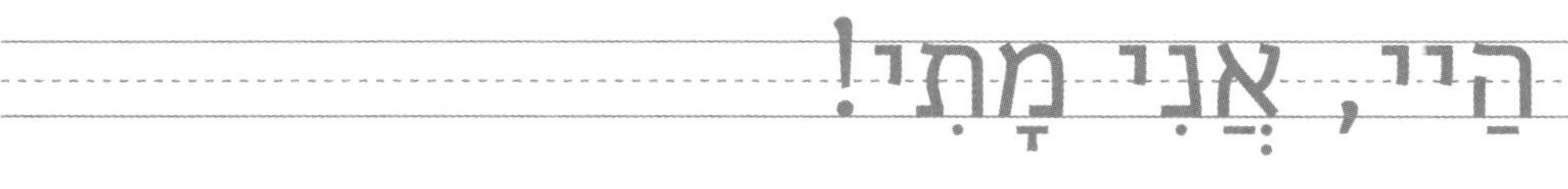

Gut zu wissen:

Das Hebräische kennt *bin, bist, ist, sind* und *seid* nicht. So werden z. B. für den Satz „Ich **bin** Mati“ die Wörter für ich (אֲנִי) und der Name (מָתִי) einfach hintereinander gesprochen / geschrieben und ergeben auf Hebräisch einen vollständigen Satz.

Die Buchstaben ג, ד, ל, ר und ש

Ziehen Sie die Buchstaben nach und schreiben Sie sie freihändig mehrmals von rechts nach links auf die Zeile.

Gimel [g] ג

Beginnen Sie wie bei Nun oben mit einem mittigen kleinen „Dach“.
Ziehen Sie eine Linie leicht schräg in die rechte untere Ecke.
Vervollständigen Sie Gimel mit einem zweiten „Bein“, das nach links zeigt.

Dalet [d] ד

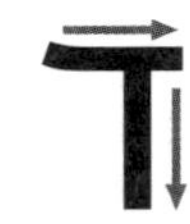

Beginnen Sie links oben und ziehen Sie eine gerade Linie nach rechts.
Vervollständigen Sie Dalet mit einer senkrechten Linie bis zu Ihrer Schreiblinie.
Achten Sie darauf, dass die obere waagerechte Linie oben rechts leicht nach hinten übersteht.

Lamed [l] ל

Beginnen Sie oben mit einem kleinen senkrechten Strich. Davon ausgehend ziehen Sie eine waagrechte Linie nach rechts.
Ziehen Sie nun eine geschwungene Linie mittig nach unten.
Wichtig: Lamed ist etwas größer als die anderen Buchstaben und überragt sie nach oben.

Übung 7: Buchstaben erkennen

Markieren Sie in folgenden verschiedenen Schriftarten alle ג, ד und ל.

בישראל יש הרבה חיות: גמלים במדבר, דגים בים, ויעלים בהרים או בגני חיות, לדוגמה בגן החיות הגדול ליד ירושלים.

אבל הרבה חיות לא גרות בגן חיות, הן גרות ביחד עם בני האדם.

בירושלים גרים הרבה חתולים, אבל בתל אביב גרים יותר כלבים.

Übung 8: Buchstaben kombinieren

Ergänzen Sie die Umschrift und schreiben Sie die Wörter mehrmals auf die Zeile.

1. Eis (stummes Schwa) [gl__d__] גְלִידָה

גְלִידָה

2. Kind / Junge [y__l__d] יֶלֶד

יֶלֶד

3. Flagge / Fahne [d__g__l] דֶגֶל

דֶגֶל

Übung 9: Bilder beschriften

Bitte beschriften Sie die Bilder auf Hebräisch.

1. ____________ 2. ____________ 3. ____________ 4. ____________

Übung 10: Schreiben und Lesen

Schreiben Sie die passende Umschrift neben den deutschen Begriff und schreiben Sie die Wörter ohne Vokalzeichen mehrmals auf die Zeile.

[dag] ***[lama]*** ***[gal]*** ***[yalda]***

1. Welle ____________

גַל

2. Fisch ____________

דָג

3. Mädchen ____________

יַלְדָּה

4. warum ____________

לָמָה

Resch [r] ר

Beginnen Sie links oben und ziehen sie eine Linie nach rechts. Ziehen Sie die Linie dann mit einem leichten Bogen nach unten auf die Schreiblinie.

Schin [sch] שׁ / Sin [s] שׂ

Beginnen Sie links oben und ziehen Sie eine Linie nach unten. Ziehen Sie von dort aus eine geschwungene Linie nach oben rechts. Vervollständigen Sie Schin / Sin mit einem „zweiten" Arm, der fast an die linke Anfangslinie anschließt.

Gut zu wissen:

Der Grundbuchstabe für Schin [sch] und Sin [s] ist identisch: ש.

Die beiden können aber durch die Punktierung unterschieden werden.

Schin שׁ [sch] trägt rechts oben einen Punkt.

Sin שׂ [s] trägt den Punkt links oben.

Übung 11: Schin oder Sin

Ergänzen Sie mithilfe der Umschrift bei den Wörtern Schin שׁ und Sin שׂ.

1. Frau	[i**sch**a]	אי _ ה
2. Israel	[I**s**rael]	י _ ראל
3. Sonne	[**sch**eme**sch**]	_ מ _
4. Sarah	[**s**ara]	_ רה
5. Regen	[ge**sch**em]	ג _ ם

Übung 12: Buchstaben kombinieren:

Ergänzen Sie die Umschrift und schreiben Sie die Wörter mehrmals auf die Zeile.

1. Schnee [sch__l__g] שֶׁלֶג

שֶׁלֶג

2. Berg [h__r] הַר

הַר

3. Jerusalem [y__r__sch__l__ __ m] יְרוּשָׁלַיִם

4. Frau [__sch__] אִישָׁה

Übung 13: Abschlussübung

Wählen Sie das richtige Wort aus und beschriften Sie damit Bilder:

שֶׁמֶשׁ, הַר, שֶׁלֶג, יְרוּשָׁלַיִם

1. [scheleg]

____

2. [schemesch]

____

3. [yeruschalaim]

____

4. [har]

____

Übung 14: Schreiben und Lesen

Schreiben Sie die passende Umschrift neben den deutschen Begriff und schreiben Sie die Wörter ohne Vokalzeichen mehrmals auf die Zeile.

[schana] **[schemen]** **[smoll]**[1]

1. Öl ______________

שֶׁמֶן

2. links ______________

שְׂמֹאל

3. Jahr ______________

שָׁנָה

1 stummes Schwa

Die Buchstaben ז, ח, ו und ט

Ziehen Sie die Buchstaben nach und schreiben Sie sie freihändig mehrmals von rechts nach links auf die Zeile.

Sajin [s] ז

Ziehen Sie oben mittig eine leicht schräge Linie. Vervollständigen Sie Sajin mit einer geraden Linie nach unten (wie bei Waw).

Chet [ch] ח

Beginnen Sie wie bei ה in der linken oberen Ecke und ziehen Sie eine waagerechte Linie nach rechts. Ziehen Sie die Linie weiter bis nach unten auf die Schreiblinie.

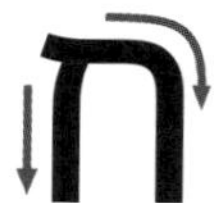

Fügen Sie links von oben nach unten ein „Bein" hinzu. Bei ח berührt das Bein die obere Linie, im Gegensatz zum ה.

Gut zu wissen:

Die beiden Buchstaben Sajin ז und Chet ח haben eine besondere Aussprache:

Sajin, ז = summendes/zischendes weiches [s] wie in Glä**s**er

Chet, ח = sehr kehliges tiefes [ch], ähnlich wie in Da**ch**

Übung 15: Bekannte und neue Buchstaben kombinieren

Ergänzen Sie die Umschrift und schreiben Sie die Wörter mehrmals auf die Zeile.

1. Das (ist) (*männlich*) [s__] זֶה

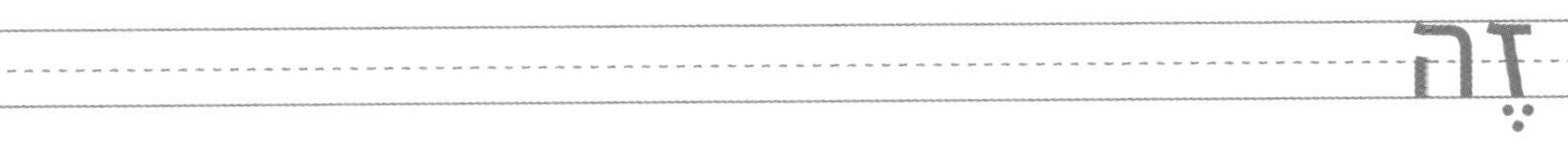

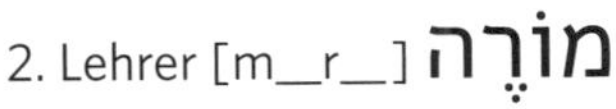

2. Lehrer [m__r__] מוֹרֶה

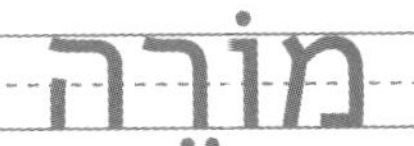

3. Salz [m__l__ch] מֶלַח

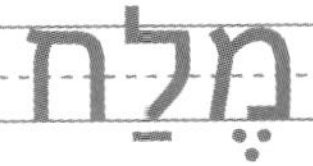

4. Brot [l__ch__m] לֶחֶם

5. Jericho (gesprochenes Schwa) [y__r__ch__] יְרִיחוֹ

6. Das (ist) (*weiblich*) [s__t] זֹאת

Waw [w], [u], [o] ו

Ziehen Sie eine waagrechte Linie nach unten. Waw ist genauso groß wie die anderen Buchstaben, die Sie bisher gelernt haben.
Wichtig: Waw endet auf der Schreiblinie.

Tet [t] ט

Beginnen Sie links mit einer geraden Linie nach unten. Die gerade Linie geht in eine gebogene Linie nach rechts oben über. Fügen Sie oben einen kleinen „Haken" von rechts nach links unten hinzu. Oben bleibt eine kleine Öffnung.

Gut zu wissen:

Im modernen Hebräischen ist in der Aussprache kein Unterschied zwischen Taw ת und Tet ט hörbar. Es ist aber für die Rechtschreibung wichtig, damit das Wort richtig erkannt wird. Wörter, die aus anderen Sprachen ins Hebräische aufgenommen wurden, verwenden oft ט, z. B. סְטוּדֶנְטִית [studentit], *Studentin* oder הִיסְטוֹרְיָה [historia], *Geschichte*. Original hebräische Wörter verwenden meistens lieber ת, z. B. תּוֹרָה [tora] *Weisung / Tora* oder תּוֹדָה [todah], *danke*

Übung 16: Taw oder Tet?

Schreiben Sie die Wörter in die richtige Spalte mit dem richtigen Anfangsbuchstaben. Es genügt, wenn Sie nur die Konsonanten schreiben.

Schüler	[talmid]	תַלְמִיד	Sesampaste	[tchina]	טְחִינָה
Thunfisch	[tuna]	טוּנָה	Tora	[tora]	תוֹרָה
Danke	[toda]	תוֹדָה	Reise, Spaziergang	[tiyul]	טִיוּל
Gebetsschal / Tallit	[tallit]	טַלִית	Tee	[te]	תֵה

1. ת

2. ט

Übung 17: Wortsuche

Finden Sie sechs Wörter aus Übung 2 (Taw oder Tet) im Wortgitter:

ק	ט	ד	י	מ	ל	ת
ט	ש	י	ג	ל	ם	ו
י	ה	נ	י	ח	ט	ד
ו	א	נ	ט	ה	ח	ה
ל	י	ד	מ	ר	א	ש
ג	ת	ן	ה	נ	ו	ט
ר	ט	ל	ה	ת	ת	ש

Die Buchstaben ס, ע, ק und צ

Ziehen Sie die Buchstaben nach und schreiben Sie sie freihändig mehrmals von rechts nach links auf die Zeile.

Samech [s] ס

Ziehen Sie einen Kreis, ähnlich einem deutschen „o". Samech ist genauso groß wie die anderen hebräischen Buchstaben. Es gibt keinen Ausspracheunterschied zwischen Samech und Sin (vgl. Taw und Tet).

ס

Ajin [stumm] ע

Ziehen Sie eine leicht geschwungene Linie von links oben nach unten rechts. Die Linie reicht nicht ganz bis auf die Schreiblinie. Vervollständigen Sie Ajin mit einer leicht geschwungenen Linie von oben rechts nach unten links.

ע

Kof [k] ק

Ziehen Sie links eine gerade Linie nach unten, ein Stück unter die Schreiblinie. Beginnen Sie dann etwas oberhalb der ersten Linie mit einer waagrechten Linie nach rechts und vervollständigen Sie Kof mit einer leicht geschwungenen Linie nach unten.

Übung 18: Buchstaben kombinieren

Ergänzen Sie die Umschrift und schreiben Sie die Wörter mehrmals auf die Zeile.

1. Film [s__r__t] סֶרֶט

סֶרֶט

2. Stadt [__r] עִיר

3. vorwärts [k__d__m__] קָדִימָה

4. Kuchen [__g__] עוּגָה

עוּגָה

5. Linie [k__w] קַו

קַו

Gut zu wissen:

Steht ו ohne weiteren Vokalpunkt nach einem a am Ende eines Wortes, wird es nicht als Vokal [o] / [u] ausgesprochen, sondern als Konsonant [w], wie etwa bei קַו [kaw], *Linie*.

Übung 19: Samech oder Sin

Schreiben Sie die Wörter in die richtige Spalte mit dem richtigen Anfangsbuchstaben.

Student	[student]	סְטוּדֶנְט	Kleid	[simla]	שִׂמְלָה
Gespräch	[sicha]	שִׂיחָה	Verzeihung	[slicha]	סְלִיחָה
Felsen	[sela]	סֶלַע	glücklich	[same'ach]	שָׂמֵחַ

1. שׂ	2. ס

Gut zu wissen:

Endet ein Wort auf Chet ח und „a" oder Ajin ע und „a", wird das a ausnahmsweise **vor** dem Konsonanten gesprochen, z. B. שָׂמֵחַ [same'ach] *glücklich* oder שׁוֹמֵעַ [schome'a], *hören*.

Übung 20: Wortgitter

Finden Sie vier Wörter aus Übung 2 (Samech oder Sin) im Wortgitter:

ע	ה	ח	י	ל	ס	ד	א	ב	שׁ
ט	צ	נ	מ	ג	ל	ק	שׂ	ם	ח
ס	ן	שׁ	ז	י	ע	ג	ה	ס	ל
ס	שׂ	נ	ט	ת	ד	ס	ט	מ	ע
ז	מ	צ	מ	ע	ה	ח	י	שׂ	א
ס	ח	ג	שׂ	ל	ק	א	ו	נ	ט

Zadi [tz] צ

Ziehen Sie eine gerade Linie von links oben nach rechts unten. Von rechts unten ziehen Sie eine waagerechte Linie nach links. Um Zadi zu vervollständigen, ziehen Sie eine leicht gebogene Linie von rechts oben bis zur Mitte ihrer anfänglichen geraden Linie.

Zadi sofit [tz] ץ

Wie Nun und Mem, erhält Zadi am Ende eines Wortes eine besondere Endform. Beginnen Sie wie bei Zadi und ziehen Sie eine gerade Linie von links oben nach rechts unten. Ziehen Sie nun die senkrechte Linie ein Stück unter die Schreiblinie. Vervollständigen Sie Zadi sofit wie Zadi mit einer leicht gebogenen Linie von rechts oben zur Mitte der anfänglichen Linie.

Übung 21: Zadi oder Zadi sofit

Ergänzen Sie mithilfe der Umschrift bei den Wörtern Zadi oder Zadi sofit.

1. Land	[ere**tz**]	אר_
2. Teller	[**tz**alachat]	_ לחת
3. ausgezeichnet	[me**tz**uyan]	מ _ וין
4. Saft	[mi**tz**]	מי _
5. Ägypten	[mi**tz**raim]	מ _ רים

Übung 22: Abschlussübung

Ergänzen Sie die Umschrift und schreiben Sie die Sätze auf die Zeile.

1. Ya'el ist Studentin. [y_' _ l st__d__nt__t].[1] יָעֵל סְטוּדֶנְטִית.

2. Das ist ausgezeichnet! [s__ m__tz__y__n!][2] זֶה מְצוּיָן!

3. Verzeihung, bist du Isaak? [sl__ __ch[3], y__tzch__k?] סְלִיחָה, אַתָּה יִצְחָק?

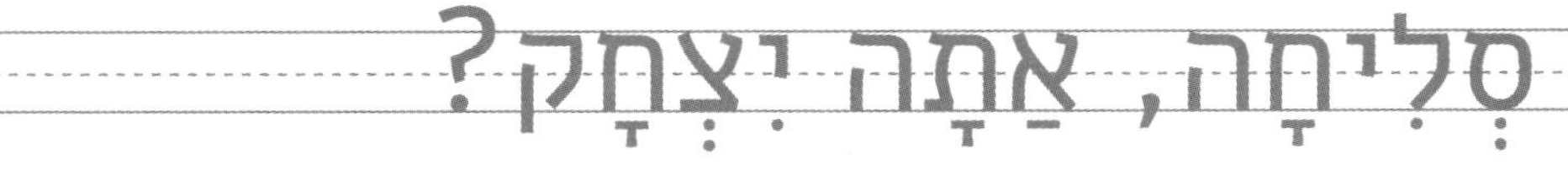

1 Beide Schwa sind stumm.
2 Schwa wird gesprochen.
3 Schwa ist stumm.

Die Buchstaben ב, כ und פ

Ziehen Sie die Buchstaben nach und schreiben Sie sie freihändig mehrmals von rechts nach links auf die Zeile.

Bet [v] / [b] ב

Ziehen Sie eine leicht geschwungene Linie von oben links nach unten rechts. Ziehen Sie dann eine gerade waagerechte Linie, die auf der Schreiblinie ein Stück über die senkrechte Linie nach rechts hinausreicht.

ב

Kaf [ch] / [k] כ

Ziehen Sie eine geschwungene Linie von links oben in einem Bogen bis links unten (ähnlich einem spiegelverkehrtem großen „C").

כ

Pe [f] / [p] פ

Ziehen Sie einen kleinen „Haken" in der linken oberen Ecke. Ziehen Sie einen Bogen bis in die untere linke Ecke.

פ

Wichtig: Stehen Bet, Kaf oder Pe am **Wortende** oder **im Inneren** eines Wortes werden sie **weich** gesprochen: [v], [ch] oder [f]. Stehen Bet, Kaf oder Pe am **Beginn eines Wortes oder einer Silbe** werden sie **hart** gesprochen: [b], [k] oder [p]. Werden die Vokalzeichen geschrieben, erhalten sie bei harter Aussprache einen Punkt בּ, כּ bzw. פּ

Übung 23: Buchstaben kombinieren[1]

Ergänzen Sie die Umschrift und schreiben Sie die Wörter mehrmals auf die Zeile.

1. Haus [b__ __t] בַּיִת

בַּיִת

2. Klasse [k__t__] כִּיתָה

כִּיתָה

3. jetzt [_ch'sch__w] עַכְשָׁיו

עַכְשָׁיו

4. Professor [pr__f__s__r] פְּרוֹפֶסוֹר

פְּרוֹפֶסוֹר

Gut zu wissen:

Steht am Wortende die Buchstabenkombination יו mit „a" wie bei עַכְשָׁיו, dann ist nur „a" und ו zu hören [aw] (vgl. Gut zu wissen S. 39). י wird „verschluckt".

1 Alles Schwas in dieser Übung sind stumm und werden nicht gelesen.

Kaf sofit [ch] ךְ

Wie Nun, Mem und Zadi, haben Kaf und Pe am Ende eines Wortes eine besondere Form.

Beginnen Sie mit einer waagrechten Linie (länger als bei Nun sofit) von links nach rechts und ziehen Sie dann eine Linie nach unten bis unter die Schreiblinie, wie bei Kof ק und Nun Sofit ן.

Gut zu wissen:

Die Endbuchstaben Nun Sofit ן und Kaf Sofit ך sehen sich bis auf Länge der oberen Linie sehr ähnlich.

Damit Sie nicht verwechselt werden, wenn sie als letzter Buchstabe im Wort stehen, wird bei der Verwendung von Punktierung (= Vokalzeichen, Schwa, Punkt in Bet, Kaf, Pe) ein kleiner Doppelpunkt in Kaf Sofit gesetzt: ךְ

Pe Sofit [f] ף

Beginnen Sie wie bei Pe פ. Ziehen Sie die geschwungene Linie wie bei Kaf Sofit nach unten unter die Schreiblinie.

Übung 24: Lückentext

Ergänzen Sie mithilfe der Umschrift bei den Wörtern ב / ך oder פ / ף

1. wo	[ey**f**oh]	אי _ ה
2. Weg	[dere**ch**]	דר _
3. tausend	[ele**f**]	אל _
4. Brief	[mi**ch**tav]	מ _ תב
5. Sandwich	[**k**ari**ch**]	_רי _
6. Ende	[so**f**]	סו_

Übung 25: Abschlussübung Endbuchstaben

Ergänzen Sie mithilfe der Umschrift die richtigen Endbuchstaben.
Folgende Endbuchstaben stehen zur Auswahl: ן [n], ם [m], ץ [tz], ך [ch] ף [f].

1. rot	[ado**m**]	אדו _
2. Kibbutz	[kibbu**tz**]	קיבו _
3. mit Vergnügen	[beke**f**]	בכי _
4. Garten /Park	[ga**n**]	ג _
5. König	[mele**ch**]	מל _
6. Geld	[kese**f**]	כס _
7. Baum	[e**tz**]	ע _

Die Schreibschrift

Die Buchstaben א - א, ה - ה, י - י, ת - ת, מ - מ und ן - ן

Ziehen Sie die Buchstaben nach und schreiben Sie sie freihändig mehrmals von rechts nach links auf die Zeile.

Alef א [stumm]

Ziehen Sie eine gerade Linie von oben und nach unten. Fügen Sie einen kleinen Bogen auf der rechten Seite hinzu.

Heh ה [h]

Heh sieht in der Schreibschrift ähnlich aus wie in der Druckschrift. Es ist etwas runder und weniger eckig.

Yod י [y/i]

Ziehen Sie eine kleine gerade Linie. Yod berührt auch in der Schreibschrift die Schreiblinie nicht, sondern „schwebt" auf Höhe der anderen Buchstaben.

Taw ת [t]

Taw sieht in der Schreibschrift ähnlich aus wie in der Druckschrift. Es ist jedoch etwas runder, schmaler und der „Standfuß" auf der linken Seite wird etwas länger gezogen.

Übung 1: Buchstaben umschreiben

Schreiben Sie die entsprechenden Schreibschriftbuchstaben neben dem Druckbuchstaben.

א ______	אי ______
י ______	תה ______
ת ______	הי ______
ה ______	אה ______

Übung 2: Schriften verbinden

Verbinden Sie Druckschrift und Schreibschrift miteinander.

1. אה	היא
2. היא	את
3. אתה	היי
4. את	אתה
5. היי	אה

Schreiben Sie die Wörter (ohne Vokalzeichen) selbst in der Schreibschrift:

6. Ah! [ah]	______	אָה
7. sie [hi]	______	הִיא
8. du (w.) [at]	______	אַת
9. du (m.) [ata]	______	אַתָּה
10. Hi! [hai]	______	הַיי

Mem מ [m]

Beginnen Sie in der rechten oberen Ecke mit einer geraden Linie. Ziehen Sie die Linie von rechts unten nach links oben und dann senkrecht nach unten (ähnlich einem großen „N" im Deutschen).

Nun נ [n]

Ziehen sie eine geschwungene Linie von rechts oben nach unten in die Mitte. Nun darf ein Stück über die Schreiblinie hinausreichen.

Übung 3: Buchstaben umschreiben

Schreiben Sie die entsprechenden Schreibschriftbuchstaben neben die Druckbuchstaben.

מ ________	מה ________
י ________	ני ________
נ ________	וי ________
ה ________	נת ________

Übung 4: Wörter schreiben

Schreiben Sie die Wörter (ohne Vokalzeichen) selbst in der Schreibschrift.

1. Mutter [ima] ________ אִימָא
2. ich [ani] ________ אֲנִי
3. wer? [mi] ________ מִי
4. Schau mal! / Da! [hiné] ________ הִינֵה

Mem sofit ם [m]

Ziehen Sie eine kleine gerade Linie nach unten. Fügen sie an der rechten Seite einen kleinen Kreis hinzu. Mem Sofit reicht nicht unter oder über die Zeile und ist genauso groß wie die anderen Buchstaben.

ם

Nun sofit ן [n]

Ziehen Sie eine gerade Linie, die unter die Schreibzeile hinausreicht.

ן

Übung 5: Buchstabensalat

Markieren Sie im folgenden Text alle Mem sofit ם und alle Nun sofit ן, die Sie finden, farbig.

זאת נעמי וזאת מרים. הן לומדות כל היום ביחד. אחר
כך הן הולכות לים. שם הן נפגשות עם החברים ועם
החברות שלהן. הם שותים יין, אוכלים: לחם, חומוס, זיתים,
גבינה, ביצים וגם עוגה. כולם מאוד נהנים והם עושים
חיים.

Übung 6: Schreibschrift und Druckschrift

Ordnen Sie die hebräischen Begriffe zu, indem Sie diese in Schreibschrift zu den entsprechenden Bildern schreiben.

1. ____________________
Wasser [maim]

2. ____________________
Meer [yam]

3. ____________________
Natan [natan]

4. ____________________
Wein [yain]

5. ____________________
Geschenk [matana]

Die Buchstaben ג - ג, ד - ד, ל - ל, ר - ר und ש - ש

Ziehen Sie die Buchstaben nach und schreiben Sie sie freihändig mehrmals von rechts nach links auf die Zeile.

Gimel ג [g]

Beginnen Sie oben mit einer kleinen Linie. Ziehen Sie eine gebogene Linie nach unten.

Dalet ד [d]

Beginnen Sie mit einer gebogenen Linie oben. Fügen Sie eine kleinere, schmalere Linie nach unten hinzu.

Lamed ל [l]

Beginnen Sie auf der Schreiblinie mit einer kleinen „Schlaufe“ von rechts nach links. Ziehen Sie die Linie dann leicht gebogen nach oben. Lamed ist ein Stück größer als die anderen Buchstaben

Übung 7: Buchstaben umschreiben

Schreiben Sie die entsprechenden Schreibschriftbuchstaben neben die Druckbuchstaben.

ל	____________	גם	____________
ד	____________	דן	____________
ג	____________	לא	____________

Übung 8: Schriften verbinden

Verbinden Sie Druckschrift und Schreibschrift miteinander.

Druckschrift	Schreibschrift
1. דג	גן
2. למה	לא
3. גן	ילד
4. ילד	למה
5. דגל	גמל
6. לא	מאה
7. מאה	דג
8. גמל	דגל

Schreiben Sie die Wörter (ohne Vokalzeichen) selbst in der Schreibschrift.

9. Garten [gan]	________________	גָן
10. nicht [lo]	________________	לֹא
11. Kind / Junge [yeled]	________________	יֶלֶד
12. Warum? [láma]	________________	לָמָה
13. Kamel [gamal]	________________	גָמָל
14. hundert [me'a]	________________	מֵאָה
15. Fisch [dag]	________________	דָג
16. Flagge [degel]	________________	דֶגֶל

Resch ר [stumm]

Schreiben Sie Resch wie der Druckschrift. Achten Sie aber darauf, dass Resch in der Schreibschrift etwas runder aussieht.

ר

Schin / Sin ש [sch / s]

Beginnen Sie mit einer geschwungenen Linie von rechts nach links. Ziehen Sie die Linie weiter nach links oben und schließen Sie mit einer Schlaufe.

ש

Der Buchstabe für Schin und Sin ist identisch. Er unterscheidet sich nur durch einen Punkt rechts שׁ [sch] oder links שׂ [s], die aber in der Schreibschrift nicht geschrieben werden.

Übung 9: Lückentext

Fügen Sie den fehlenden Buchstaben in der Schreibschrift ein.

1. Israel [israel]	י__ראל	יִשְׂרָאֵל
2. Kamel [gamal]	גמ__	גָּמָל
3. Frau [ischa]	אי__ה	אִישָּׁה
4. dort [scham]	ש__	שָׁם
5. Eis [glida]	__לידה	גְלִידָה
6. Fisch [dag]	__ג	דָג
7. Land [medina]	מ__ינה	מְדִינָה
8. Lied [schir]	שי__	שִׁיר

Übung 10: Wortsuche

Kreisen Sie in jeder Zeile das richtige Wort in der Schreibschrift ein.

1. Schüler [talmid]	תודה	תלמידה	תלמיד	ילד	תַּלְמִיד
2. warum [láma]	למה	גמל	איש	אל	לָמָה
3. du (m.) [ata]	עת	את	אימא	אתה	אַתָּה
4. Lied [schir]	גד	של	שיר	שק	שִׁיר

Finden Sie die eingekreisten Wörter aus der Übung oben im Buchstabengitter.

א	ת	ש	ק	ר	א	ן
ת	ל	מ	א	ש	ת	ד
ש	מ	ה	מ	ל	ש	ש
ל	י	ק	ד	י	י	י
ד	ד	ן	ה	ה	ר	א
ה	ו	ו	ל	ל	ן	ת
י	ת	ה	ת	א	מ	ה

Schreiben Sie die vier Wörter noch einmal in der Schreibschrift auf.

____

____

Übung 11: Schriften verbinden

Verbinden Sie Druckschrift und Schreibschrift miteinander.

1. איש	דלת
2. אישה	שיר
3. דלת	איש
4. ישראל	תייר
5. שיר	ישראל
6. אמת	ישר
7. יד	לילה
8. ישר	יד
9. לילה	אמת
10. תייר	אישה

Schreiben Sie die Wörter (ohne Vokalzeichen) selbst in der Schreibschrift.

11. Mann / jemand [isch]	____________________	אִישׁ
12. Frau [ischa]	____________________	אִישָׁה
13. Tür [delet]	____________________	דֶלֶת
14. Israel [israel]	____________________	יִשְׂרָאֵל
15. Lied [schir]	____________________	שִׁיר
16. Wahrheit [emet]	____________________	אֱמֶת
17. Hand [yad]	____________________	יָד
18. geradeaus [yaschar]	____________________	יָשָׁר
19. Nacht [lajla]	____________________	לַיְלָה
20. Tourist [tayar]	____________________	תַיָּיר

Übung 12: Schreiben und Lesen

Ergänzen Sie die Umschrift und schreiben Sie die Wörter in der Schreibschrift ohne Vokalzeichen ab.

1. שֶׁמֶשׁ

Sonne [sch__m__sch]

____

2. שֶׁלֶג

Schnee [sch__l__g]

____

3. אִישָׁה

Frau [__sch__]

____

4. גָּמָל

Kamel [g__m__l]

____

5. תַּלְמִידִים[1]

Schüler, Mehrzahl [t__lm__d__m]

____

1 Schwa ist stumm.

Die Buchstaben ו - ו, ז - ז, ח - ח und ט - ט

Ziehen Sie die Buchstaben nach und schreiben Sie sie freihändig mehrmals von rechts nach links auf die Zeile.

Waw ו [w/u/o]

Ziehen Sie eine gerade senkrechte Linie nach unten.

Sajin ז [s]

Beginnen Sie oben mit einer kleinen geraden Linie. Ziehen Sie dann eine gebogene Linie nach unten auf die Schreiblinie.

Chet ח [ch]

Ziehen Sie links eine gerade Linie nach unten. Fügen Sie rechts eine geschwungene Linie hinzu (ähnlich der Druckschrift, nur runder).

Tet ט [t]

Ziehen Sie mit einem Bogen von unten (rechts) nach links oben.

Übung 13: Schriften ergänzen

Schreiben Sie neben den Druckbuchstaben die entsprechenden Schreibschriftbuchstaben und umgekehrt neben den Schreibschriftbuchstaben die entsprechenden Druckbuchstaben.

ז	______	זה	______
ח	______	טו	______
ו	______	אז	______
ט	______	חת	______
ו	______	חו	______
ח	______	לו	______

Übung 14: Wortsuche

Kreisen Sie das richtige Wort in der Schreibschrift ein.

1. Lehrer [more]	מנטה	מורה	מים	מלח	מוֹרֶה
2. Zeit [sman]	שם	זאת	זמן	זה	זְמַן
3. Sesammus [tchina]	טלית	תלמידה	תודה	טחינה	טְחִינָה
4. Danke [toda]	דלת	תודה	תמי	תלמיד	תוֹדָה
5. Traum [chalom]	חלום	חלון	חיים	הינה	חֲלוֹם

Übung 15: Schriften verbinden

Verbinden Sie Druckschrift und Schreibschrift miteinander.

1. מורה	אז
2. לחם	מורה
3. שיר	חודש
4. זית	לחם
5. טחינה	שיר
6. מלח	טחינה
7. אז	זית
8. חודש	מלח

Schreiben Sie die Wörter (ohne Vokalzeichen) selbst in der Schreibschrift.

9. Lehrerin [mora]	____________	מוֹרָה
10. Brot [lechem]	____________	לֶחֶם
11. Olive [sait]	____________	זַיִת
12. Sesammuß [tchina]	____________	טְחִינָה
13. Salz [melach]	____________	מֶלַח
14. Lied [schir]	____________	שִׁיר
15. also, dann [as]	____________	אָז
16. Monat [chodesch]	____________	חוֹדֶשׁ

Übung 16: Lückentext[1]

Fügen Sie die fehlenden Buchstaben in der Schreibschrift ein.

1. Danke [toda]	ת__דה	תוֹדָה
2. Salz [melach]	מל__	מֶלַח
3. Das ist [se]	__ה	זֶה
4. Friede, Hallo [schalom]	של__ם	שָׁלוֹם
5. Zeit [sman]	__מן	זְמַן
6. Ausflug [tiyul]	__יול	טִיּוּל
7. Brot [lechem]	ל__ם	לֶחֶם
8. Pfefferminze [menta]	מנ__ה	מֶנְטָה

Übung 17: Wie sagt man ...?

Schreiben Sie mithilfe der Wörter in der vorherigen Übung die Antwort auf Hebräisch und in Schreibschrift auf der Zeile.

Wie sagt man „danke“ auf Hebräisch?

____

Wie sagt man „Hallo“ auf Hebräisch?

____

Was heißt „Brot“ auf Hebräisch?

____

Was heißt „Zeit“ auf Hebräisch?

____

1 Alle Schwas in der Übung sind stumm.

Übung 18: Schreiben und Lesen

Schreiben Sie die Wörter in der Schreibschrift ohne Vokalzeichen ab und ergänzen Sie die Umschrift mithilfe der punktierten Druckschrift.

1. Danke [t__d__] תוֹדָה

תודה

2. Ausflug [t__ __ __l] טִיוּל

טיול

3. wir [__ n__chnu] אֲנַחְנוּ[1]

אנחנו

4. Friede / Hallo [sch__l__m] שָׁלוֹם

שלום

5. günstig / billig [s__l] זוֹל

זול

6. Ohr [__s__n] אוֹזֶן

אוזן

1 Schwa ist stumm.

Die Buchstaben ס - ס, ע - ע, ק - ק und צ - צ

Ziehen Sie die Buchstaben nach und schreiben Sie sie freihändig mehrmals von rechts nach links auf die Zeile.

Samech ס [s]

Schreiben Sie einen kleinen Kreis (ähnlich einem kleinen „o“).

Ajin ע [stumm]

Beginnen Sie mit einer gebogenen Linie von rechts aus. Machen Sie eine „Schlaufe“, die oben links endet.

Kof ק [k]

Beginnen Sie mit der gebogenen Linie (ähnlich wie in der Druckschrift) und fügen Sie eine senkrechte gerade Linie hinzu.

Übung 19: Schriften verbinden

Verbinden Sie Druckbuchstaben und Schreibschriftbuchstaben miteinander.

1. א	ק
2. ק	ס
3. ס	א
4. ש	ע
5. ע	ש

Übung 20: Schriften ergänzen

Schreiben Sie neben den Druckbuchstaben die entsprechenden Schreibschriftbuchstaben und umgekehrt neben den Schreibschriftbuchstaben die entsprechenden Druckbuchstaben.

ס ______	קו ______
ע ______	סע ______
ו ______	הג ______
א ______	ט ______
ק ______	קז ______
ח ______	נל ______
ה ______	שא ______

Übung 21: Schriften verbinden

Verbinden Sie Druckschrift und Schreibschrift miteinander.

1. עין	מטוס
2. רק	מסעדה
3. נעים	רגע
4. שוקולד	עיר
5. רגע	סרט
6. מסעדה	עין
7. מטוס	שוקולד
8. עיר	רק
9. סרט	נעים

Notieren Sie die Wörter (ohne Vokalzeichen) selbst in der Schreibschrift.

10. Auge [ayn]	______________	עַיִן
11. Flugzeug [matos]	______________	מָטוֹס
12. Stadt [ir]	______________	עִיר
13. Film [seret]	______________	סֶרֶט
14. Moment [rega]	______________	רֶגַע
15. Restaurant [mis'ada]	______________	מִסְעָדָה
16. Schokolade [schokolad]	______________	שׁוֹקוֹלָד
17. nur [rak]	______________	רָק
18. angenehm [na'im]	______________	נָעִים

Übung 22: Wortsuche

Kreisen Sie das richtige Wort in der Schreibschrift ein.

1. Salat [salat]	סלט	שם	סין	סרט	סָלָט
2. Kuchen [uga]	אני	עירק	עוגה	עיר	עוּגָה
3. Cola [kola]	קל	קולה	קיוסק	גמל	קוֹלָה
4. Student [student]	סרט	סטודנט	סליחה	סלט	סְטוּדֶנְט

Zadi צ [tz]

Schreiben Sie zwei gleich große Bögen (ähnlich einer „3"). Zadi ist dabei ein Stück größer als die anderen Buchstaben in der Schreibschrift.

Zadi sofit ץ [tz]

Beginnen Sie unten mit einer kleinen Schlaufe (wie bei Lamed). Ziehen Sie eine Linie nach oben und schreiben Sie eine weitere nach Schlaufe nach rechts, die dann nach links oben zeigend endet.

Übung 23: Lückentext[1]

Fügen Sie die fehlenden Buchstaben in der Schreibschrift ein.

1. ausgezeichnet [metzuyan]	מ_וין	מְצוּיָן
2. Land [eretz]	אר_	אֶרֶץ
3. Ägypten [mitzraim]	מ_רים	מִצְרַיִם
4. ein bisschen [k'tzat]	ק_ת	קְצַת
5. Sommer [kaitz]	קי_	קַיִץ

Übung 24: Wörtersuche

Finden Sie die Wörter aus der vorherigen Übung im Wortgitter.

ר	ם	ן	ו	ץ	י	ק
ו	ג	ד	מ	ע	ת	צ
ש	ה	ח	צ	ל	ט	ת
ן	א	ק	ו	מ	ז	ס
ו	י	ר	י	ק	צ	ם
ץ	ר	א	ו	ס	ז	ל
ע	ם	י	ר	צ	מ	י

1 Schwa bei [metzuyan] wird gesprochen. Schwa bei [mitzraim] und [k'tzat] ist stumm

Übung 25: Schreiben und Lesen[1]

Schreiben Sie die Wörter in der Schreibschrift ohne Vokalzeichen ab und ergänzen Sie die Umschrift mithilfe der punktierten Druckschrift.

1. Saft [m__tz] מִיץ

מיץ

2. Wie geht's? [m__ n__schm__?] מָה נִשְׁמַע?

מה נשמע?

3. Verzeihung [sl__ch__] סְלִיחָה

סליחה

4. lustig/ witzig [m__tz'ch__k] מַצְחִיק

מצחיק

5. Welt [__l __m] עוֹלָם

עולם

6. Wohnzimmer [s__l__n] סָלוֹן

סלון

1 Alle Schwas sind stumm.

Die Buchstaben ב - ב, כ - כ und פ - פ

Ziehen Sie die Buchstaben nach und schreiben Sie sie freihändig mehrmals von rechts nach links auf die Zeile.

Bet ב [v/b]

Beginnen Sie oben mit einer geschwungenen Linie nach rechts. Ziehen Sie die Linie dann gerade nach unten auf die Schreiblinie.

ב

Kaf כ [ch/k]

Ziehen Sie einen Bogen von links oben nach links unten (ähnlich einem C im Deutschen).

כ

Pe פ [f/p]

Beginnen Sie mit einer geschwungenen Linie von links oben nach links unten und fügen Sie dann noch einen nach rechts gewandeten „Kringel" hinzu.

פ

Übung 26: Buchstaben umschreiben

Notieren Sie die entsprechenden Schreibschriftbuchstaben neben den Druckbuchstaben.

כ ________	כו ________
פ ________	פם ________
ב ________	בי ________

Übung 27: Lückentext[1]

Fügen Sie die fehlenden Buchstaben in der Schreibschrift ein.

1. Haus [bait]	__ית	בַּיִת
2. Brief [michtav]	מ__ת__	מִכְתָּב
3. Buch [sefer]	ס__ר	סֵפֶר
4. Elefant [pil]	__יל	פִּיל

Übung 28: Schriften verbinden

Verbinden Sie Druckschrift und Schreibschrift miteinander.

1. בסדר	סוכר
2. סוכר	שפה
3. איפה	בסדר
4. עברית	בקבוק
5. שפה	איפה
6. בקבוק	עברית

Schreiben Sie die Wörter (ohne Vokalzeichen) selbst in der Schreibschrift.

7. in Ordnung [beseder]	________________	בְּסֵדֶר
8. Zucker [sukar]	________________	סוּכָּר
9. wo [eyfo]	________________	אֵיפֹה
10. Hebräisch [ivrit]	________________	עִבְרִית
11. Sprache [safa]	________________	שָׂפָה
12. Flasche [bakbuk]	________________	בַּקְבּוּק

1 Schwa ist stumm bis auf [beseder].

Kaf sofit ך [ch]

Beginnen Sie wie bei כ, aber ziehen Sie dann eine gerade Linie unter die Schreiblinie.

ך

Pe sofit ף [f]

Beginnen Sie unten mit einer kleinen Schlaufe (wie bei פ) und ziehen Sie eine gerade Linie nach oben. Schreiben Sie oben eine weitere Schlaufe nach rechts. Die Endlinie zeigt nach links unten.

ף

Gut zu wissen:

Achten Sie darauf, dass Sie beim Schreiben zwischen Zadi sofit ץ und Pe sofit ף deutlich unterscheiden.

Bei Zadi sofit zeigt die letzte Linie nach der großen Schlaufe nach links oben: ץ.

Bei Pe sofit zeigt die letzte Linie nach der großen Schlaufe oben nach links unten: ף

Übung 29: Lückentext

Fügen Sie die fehlenden Buchstaben in der Schreibschrift ein.

1. [kesef] Winter	כס __	כֶּסֶף
2. [darcon] Reisepass	דר __ ון	דַּרְכּוֹן[2]
3. [elef] tausend	אל __	אֶלֶף
4. [melech] König	מל __	מֶלֶךְ
5. [kafe] Kaffee	ק __ ה	קָפֶּה
6. [kita] Klasse	__ יתה	כִּיתָה

Übung 30: Endbuchstaben

Ergänzen Sie mithilfe der Umschrift die richtigen Endbuchstaben. Folgende Endbuchstaben stehen zur Auswahl: ן [n], ם [m], ץ [tz], ך [ch] ף [f].

1. rot	[ado**m**]	אדו _
2. Kibbutz	[kibbu**tz**]	קיבו _
3. mit Vergnügen	[beke**f**]	בכי _
4. Garten	[ga**n**]	ג _
5. Datum	[ta'ari**ch**]	תארי _
6. Winter	[chore**f**]	חור _
7. Land	[ere**tz**]	אר _
8. wie?	[e**ch**]	אי _

2 Schwa ist stumm.

Der thematische Wortschatz

Basiswortschatz

Guten Morgen	[boker tov]	בּוֹקֶר טוֹב
Hallo	[schalom]	שָׁלוֹם
Guten Abend	[erev tov]	עֶרֶב טוֹב
Gute Nacht	[layla tov]	לַיְלָה טוֹב
Ich heiße...	[kor'im li]	קוֹרְאִים לִי
Wie geht's?	[ma nischma]	מָה נִשְׁמָע?
Bei mir ist alles gut.	[etzli hakol tov]	אֶצְלִי הַכּוֹל טוֹב.
Ich bin aus Deutschland.	[ani migermania]	אֲנִי מִגֶּרְמַנְיָה.
Bitte	[bevakascha]	בְּבַקָּשָׁה
Danke	[toda]	תּוֹדָה
Guten Appetit	[be'teavon]	בְּתֵאָבוֹן
Aufs Leben / Prost	[le'chaim]	לְחַיִּים
Wie viel kostet das?	[kama se ole]	כַּמָּה זֶה עוֹלֶה?
Wo gibt es...?	[eyfo yesch]	אֵיפֹה יֵשׁ...?
Auf Wiedersehen	[le'hitra'ot]	לְהִתְרָאוֹת
ja	[ken]	כֵּן
nein	[lo]	לֹא
vielleicht	[ulai]	אוּלַי
es gibt	[yesch]	יֵשׁ
es gibt nicht	[eyn]	אֵין
Verzeihung	[slicha]	סְלִיחָה

Übung 1: Paare bilden

Verbinden Sie die hebräischen Ausdrücke, die zusammenpassen (z. B. Guten Morgen – Gute Nacht).

1. תוֹדָה	לְחַיִּים
2. לְהִתְרָאוֹת	בּוֹקֶר טוֹב
3. לַיְלָה טוֹב	אֶצְלִי הַכֹּל טוֹב.
4. בְּתֵאָבוֹן	שָׁלוֹם
5. מָה נִשְׁמָע?	בְּבַקָּשָׁה

Übung 2: Übersetzung Deutsch-Hebräisch

Notieren Sie die Ausdrücke auf Hebräisch in der Schreibschrift.

1. Guten Morgen, wie geht's? ______________________________

____

2. Hallo! Bei mir ist alles gut! ______________________________

3. Guten Appetit! ______________________________

4. Danke. Auf Wiedersehen. ______________________________

Übung 3: Die richtigen Worte finden

Notieren Sie was in den folgenden Situationen sagen / fragen können. Es gibt oft mehrere Möglichkeiten.

1. Begrüßung: ______________________________

____

2. Sich vorstellen: ______________________________

____

3. Nach dem Preis / Dingen oder Orten fragen: ______________________________

____

Die Zahlen von 0 - 10

0	[efes]	אֶפֶס
1	[achat]	אַחַת
2	[schtaim]	שְׁתַּיִם
3	[schalosch]	שָׁלוֹשׁ
4	[arba]	אַרְבַּע
5	[chamesch]	חָמֵשׁ
6	[schesch]	שֵׁשׁ
7	[scheva]	שֶׁבַע
8	[schmone]	שְׁמוֹנֶה
9	[tescha]	תֵּשַׁע
10	[eser]	עֶשֶׂר

Übung 4: Die Zahlen schreiben

Schreiben Sie die Zahlen in der Schreibschrift neben den Ziffern aus. Zahlreihen werden wie im Deutschen von rechts nach links gelesen.

3	__________	1	__________
5	__________	4	__________
9	__________	7	__________
6	__________	2	__________
0	__________	8	__________
9	__________	10	__________

Die Wochentage

In Israel beginnt die Woche am Sonntag und endet mit dem Samstag, dem Shabbat. Die Wochentage haben keine eigenen Namen wie im Deutschen, sondern werden – bis auf den Shabbat – von 1-6 nummeriert (1. Tag bis 6. Tag).

Sonntag / 1.Tag	[yom rischon]	יוֹם רִאשׁוֹן
Montag / 2.Tag	[yom scheni]	יוֹם שֵׁנִי
Dienstag / 3. Tag	[yom schlischi]	יוֹם שְׁלִישִׁי
Mittwoch / 4.Tag	[yom revi'i]	יוֹם רְבִיעִי
Donnerstag / 5. Tag	[yom chamischi]	יוֹם חֲמִישִׁי
Freitag / 6. Tag	[yom schischi]	יוֹם שִׁישִׁי
Samstag / Shabbat	[schabat]	שַׁבָּת
heute	[hayom]	הַיוֹם
morgen	[machar]	מָחָר
am (+ Wochentag]	[be]	בְּ...

Im Hebräischen werden die Zeitangaben *heute* und *morgen* ohne Verb vor den Wochentag gestellt: הַיוֹם יוֹם רִאשׁוֹן [hayom yom rischon], *Heute ist Sonntag.* Um *am* + Wochentag auszudrücken wird בְּ [be] vor den Wochentag angehängt: בְּיוֹם שִׁישִׁי [beyom schischi], *am Freitag.*

Übung 5: Wochentage

Übersetzen Sie wie im Beispiel.

1. Heute ist Sonntag. הַיוֹם יוֹם רִאשׁוֹן.
2. Morgen ist Dienstag. ________________
3. am Samstag. ________________
4. am Montag ________________
5. Morgen ist Mittwoch ________________
6. am Donnerstag ________________
7. Heute ist Freitag. ________________

Monate und Jahreszeiten

In Israel werden zwei Kalender parallel verwendet: der säkulare Kalender (Januar bis Dezember) und der jüdische Kalender, der sich am Mond und der Sonne orientiert (Tischrey bis Elul). Die Monate des jüdischen und säkularen Kalenders sind nicht deckungsgleich, überlappen sich aber.

Jüdischer Monat	Aussprache	Säkularer Monat	Aussprache
		סֶפְּטֶמְבֶּר	[september]
תִּשְׁרֵי	[tischrey]		
		אוֹקְטוֹבֶּר	[oktober]
חֶשְׁוָן	[cheschwan]		
		נוֹבֶמְבֶּר	[november]
כִּסְלֵו	[kislev]		
טֵבֵת	[tevet]	דֶּצֶמְבֶּר	[dezember]
שְׁבָט	[schwat]	יָנוּאָר	[januar]
		פֶבְּרוּאָר	[februar]
אֲדָר	[adar]		
		מֶרְץ	[merz]
נִיסָן	[nisan]		
		אַפְּרִיל	[april]
אִיָּר	[iyar]		
		מַאי	[mai]
סִיוָן	[siwan]		
		יוּנִי	[yuni]
תַּמּוּז	[tamus]		
		יוּלִי	[yuli]
אָב	[aw]		
		אוֹגוּסְט	[ogust]
אֱלוּל	[elul]		
		סֶפְּטֶמְבֶּר	[september]

Übung 6: Jahreszeiten

Schreiben sie die jüdischen Monate neben die Jahreszeiten.

1. Frühling אָבִיב [aviv]

___
___
___

2. Sommer קַיִץ [kaitz]

___
___
___

3. Herbst סְתָו [staw]

___
___
___

4. Winter חֹרֶף [choref]

___
___
___

Übung 7: Der Kalender

Beantworten Sie die folgenden Fragen auf Hebräisch.

1. In welchem (säkularen) Monat ist Ihr Geburtstag? ___

2. Was ist Ihre liebste Jahreszeit? ___

3. In welchem (säkularen) Monat ist Chanukka? ___

4. Mit welchem Monat beginnt das jüdische Jahr? ___

5. Welcher jüdische Monat entspricht dem Januar? ___

6. Wie heißt der sechste (säkulare) Monat im Jahr? ___

Sehenswürdigkeiten in Israel

das Tote Meer („Salzmeer“)	[yam ha'melach]	יָם הַמֶּלַח
die „Klagemauer“ (die Westliche Mauer)	[ha'kotel ha'ma'aravi]	הַכּוֹתֶל הַמַּעֲרָבִי
Masada (archäologische Stätte, Palast des Herodes)	[metzada]	מְצָדָה
Yad Vashem (Holocaust Gedenkstätte)	[yad wa'schem]	יָד וָשֵׁם
See Genezareth	[ha'kinneret]	הַכִּנֶּרֶת
Galiliäa	[ha'galil]	הַגָּלִיל
der Ölberg	[har ha'seytim]	הַר הַזֵּיתִים
der Felsendom	[kipat ha'sela]	כִּיפַּת הַסֶּלַע
die Altstadt	[ha'ir ha'atika]	הָעִיר הָעַתִּיקָה
die Knesset (Regierungsgebäude in Jerusalem)	[ha'knesset]	הַכְּנֶסֶת
Synagoge	[beyt knesset]	בֵּית כְּנֶסֶת
Kirche	[knessiya]	כְּנֵסִיָּה
Moschee	[misgad]	מִסְגָּד
Markt	[schuk]	שׁוּק

Übung 8: Sight-Seeing

Beschriften Sie die folgenden Sehenswürdigkeiten auf den Bildern in hebräischer Schreibschrift.

1. ____________________

2. ____________________

3. ____________________

4. ____________________

Israelische Spezialitäten

Hummus	[chumus]	חוּמוּס
Tahin (Sesammus)	[t'china]	טְחִינָה
Pita(brot)	[pita]	פִּיתָה
Falafel	[falafel]	פָלָאפֶל
Taboulé (Bulgursalat)	[tabule]	טָבּוּלֶה
Israelischer Salat (Gurke, Tomate, Zwiebel, eventuell rote Paprika und Petersilie)	[salat israeli]	סָלָט יִשְׂרָאֵלִי
Schakschuka (Tomaten-Paprika-Pfanne mit pochierten Eiern)	[schakschuka]	שַׁקְשׁוּקָה
Schawarma (Fleisch, ähnlich wie Döner, meist mit Gemüse in Pitabrot)	[schawarma]	שַׁוַּארְמָה
Halva (Süßigkeit aus Sesam)	[chalwa]	חַלְוָוה

Übung 9: Speisekarte

Beschriften Sie die Gerichte auf den Bildern in hebräischer Schreibschrift.

1. ____________________

2. ____________________

3. ____________________

4. ____________________

Lebensmittel

Gurke	[melafefon]	מְלָפְפוֹן
Tomate	[agvanya]	עַגְבָנִיָה
Avocado	[avokado]	אָבוֹקָדוֹ
Paprika	[pilpel]	פִּלְפֵּל
Zwiebel	[batzal]	בָּצָל
Petersilie	[petrosilya]	פֶּטְרוֹזִילְיָה
Minze	[nana]	נַעְנַע
Mango	[mango]	מַנְגוֹ
Orange	[tapus]	תַפּוּז
Zitrone	[limon]	לִימוֹן
Apfel	[tapuach]	תָפּוּחַ
Granatapfel	[rimon]	רִמוֹן
Ei	[beytza]	בֵּיצָה
Fleisch	[basar]	בָּשָׂר
Käse	[gvina]	גְבִינָה
Brot	[lechem]	לֶחֶם

Übung 10: Lebensmittel sortieren

Ordenen Sie die Lebensmittel zu und notieren Sie sie in der Schreibschrift.

1. Gemüse יְרָקוֹת [yerakot]:

___

2. Obst פֵּירוֹת [perot]:

___

3. Gewürze תַבְלִינִים [tavlinim]:

___

Getränke

Wasser	[maim]	מַיִם
Tee	[te]	תֵה
Tee mit Minze	[teh im nana]	תֵה עִם נַעְנַע
Milch	[chalav]	חָלָב
Türkischer Kaffee	[kafe turki]	קָפֶה טוּרְקִי
Capuccino / Milchkaffee	[kafe hafuch]	קָפֶה הָפוּךְ
Espresso	[espreso]	אֶסְפְּרֶסוֹ
Sachlav (Süßes, warmes Milchgetränk mit Gewürzen)	[sachlav]	סַחְלָב
Limonana (Limonade aus Zitrone und Minze)	[limonana]	לִימוֹנַעְנַע
Saft	[mitz]	מִיץ
Wein	[yayin]	יַיִן
Bier	[bira]	בִּירָה
Arak (Anis-Schnaps)	[arak]	עַרַק

Übung 11: Getränkekarte

Beschriften Sie die Getränke auf den Bildern in hebräischer Schreibschrift.

1. ________________ 2. ________________ 3. ________________ 4. ________________

Im Restaurant

Restaurant	[mis'ada]	מִסְעָדָה
Kellner	[meltzar]	מֶלְצַר
Kellnerin	[meltzarit]	מֶלְצַרִית
Speisekarte	[tafrit]	תַּפְרִיט
Glas	[cos]	כּוֹס
Gabel	[masleg]	מַזְלֵג
Messer	[sakin]	סַכִּין
Löffel	[kaf]	כַּף
Serviette	[mapit]	מַפִּית
Teller	[tzalachat]	צַלַּחַת
Vorspeise	[mana rischona]	מָנָה רִאשׁוֹנָה
Hauptgericht	[mana ikarit]	מָנָה עִקָּרִית
Dessert	[kinuach]	קִינּוּחַ
Frühstück	[aruchat boker]	אֲרוּחַת בּוֹקֶר
Mittagessen	[aruchat tzohoraim]	אֲרוּחַת צוֹהֳרַיִים[1]
Abendessen	[aruchat erev]	אֲרוּחַת עֶרֶב
Rechnung	[cheschbon]	חֶשְׁבּוֹן

Übung 12: Restaurantbesuch

Vervollständigen Sie die Reihe mit dem fehlenden Wort.

1. כַּף ______ סַכִּין,
2. אֲרוּחַת עֶרֶב אֲרוּחַת צָהֳרַיִם ______
3. ______ מָנָה עִקָּרִית מָנָה רִאשׁוֹנָה

1 Unregelmäßige Aussprache.

Länder und Städte

Israel	[israel]	יִשְׂרָאֵל
Deutschland	[germanya]	גֶרְמַנְיָה
Österreich	[ostrya]	אוֹסְטְרִיָה
Schweiz	[schwaitz]	שְׁוַויְיץ
England	[anglia]	אַנְגְלִיָה
Spanien	[sfarad]	סְפָרַד
Frankreich	[tzarfat]	צָרְפַת
Griechenland	[yawan]	יָוָון
Jordanien	[yarden]	יַרְדֵן
Ägypten	[mitzraim]	מִצְרַיִם
Libanon	[levanon]	לְבָנוֹן
USA	[arzot ha'brit]	אַרְצוֹת הַבְּרִית
China	[sin]	סִין

Übung 13: Länder beschriften

Schreiben Sie den Ländernamen auf Hebräisch zur entsprechenden Flagge.

1. ________________ 2. ________________ 3. ________________ 4. ________________

Städtenamen

Jerusalem	[yeruschalaim]	יְרוּשָׁלַיִם
Tel Aviv	[tel aviv]	תֵּל אָבִיב
Haifa	[cheyfa]	חֵיפָה
Berlin	[berlin]	בֶּרְלִין
München	[minchen]	מִינְכֶן
Wien	[wina]	וִינָה
London	[london]	לוֹנְדוֹן
Paris	[paris]	פָּרִיז
Athen	[atuna]	אָתוּנָה
Kairo	[kahir]	קָהִיר
Beirut	[beyrut]	בֵּיירוּת
New York	[nyu york]	נְיוּ יוֹרְק

Übung 14: Geographie-Quiz

Verbinden Sie die Stadt mit dem Land, in dem sie sich befindet.

1.	וִינָה	מִצְרַיִם
2.	חֵיפָה	גֶּרְמַנְיָה
3.	קָהִיר	יָוָן
4.	מִינְכֶן	יִשְׂרָאֵל
5.	פָּרִיז	אַנְגְלִיָה
6.	אָתוּנָה	לְבָנוֹן
7.	בֵּיירוּת	צָרְפַת
8.	לוֹנְדוֹן	אַרְצוֹת הַבְּרִית
9.	נְיוּ יוֹרְק	אוֹסְטְרִיָה

Orte

Geschäft	[chanut]	חֲנוּת
Café	[beyt kafe]	בֵּית קָפֶה
Bäckerei	[ma'afiya]	מַאֲפִיָה
Supermarkt	[supermarket]	סוּפֶּרְמַרְקֶט
Lebensmittelgeschäft	[makolet]	מַכּוֹלֶת
Apotheke	[beyt mirkachat]	בֵּית מִרְקַחַת
Toilette	[scherutim]	שֵׁירוּתִים
Friseur	[mispara]	מִסְפָּרָה
Theater	[teatron]	תֵּאַטְרוֹן
Stadion	[itztadyon]	אִצְטַדְיוֹן
Zoo	[gan cha'yot]	גַּן חַיּוֹת
Museum	[museon]	מוּזֵאוֹן
Haltestelle	[tachana]	תַּחֲנָה
Bahnhof	[tachana merkasit]	תַּחֲנָה מֶרְכָּזִית
Krankenhaus	[beyt cholim]	בֵּית חוֹלִים
Rathaus	[iriya]	עִירִיָּה

Übung 15: Orte beschriften

Beschriften Sie die Orte auf Hebräisch : Café, Haltestelle, Supermarkt, Theater

1. ________________ 2. ________________ 3. ________________ 4. ________________

Wetter und Himmel

Himmel	[schamaim]	שָׁמַיִם
Sonne	[schemesch]	שֶׁמֶשׁ
Wolke	[anan]	עָנָן
Stern	[kochav]	כּוֹכָב
Mond	[yareach]	יָרֵחַ
Regen	[geschem]	גֶּשֶׁם
Sturm	[sufa]	סוּפָה
Schnee	[scheleg]	שֶׁלֶג
Wind	[ruach]	רוּחַ
Nebel	[arafel]	עֲרָפֶל
Wetter	[meseg awir]	מֶזֶג אֲוִויר
Kälte	[kor]	קוֹר
Hitze	[chom]	חוֹם
Sonnenuntergang	[schki'a]	שְׁקִיעָה

Übung 16: Wortfelder

Notieren Sie passende Vokabeln bei den Oberbegriffen (z. B. Wetter: Regen, Sonne, ...).

1. Sommer קַיִץ [kaitz]:

___

2. Abend עֶרֶב [erev] / Nacht לַיְלָה [laila]

___

3. Winter חוֹרֶף [choref]:

___

Geografische Begriffe

Berg	[har]	הַר
Tal	[emek]	עֵמֶק
Fluss	[nahar]	נָהָר
Meer	[yam]	יָם
See	[agam]	אֲגַם
Wüste	[midbar]	מִדְבָּר
Stadt	[ir]	עִיר
Dorf	[kfar]	כְּפָר
Kibbutz	[kibutz]	קִיבּוּץ
Strand	[chof]	חוֹף
Landschaft	[nof]	נוֹף
Norden	[tzafon]	צָפוֹן
Süden	[darom]	דָרוֹם
Osten	[misrach]	מִזְרָח
Westen	[ma'arav]	מַעֲרָב

Übung 17: Bilder beschriften

Beschriften Sie die Bilder auf Hebräisch.

1. ______________ 2. ______________ 3. ______________ 4. ______________

Feiertage und Feste in Israel

Jüdisches Neujahr	[rosch ha'schana]	רֹאשׁ הַשָּׁנָה
Yom Kippur (Versöhnungstag)	[yom kippur]	יוֹם כִּיפּוּר
Sukkot (Laubhüttenfest)	[sukkot]	סוּכּוֹת
Chanukkah (Lichterfest)	[chanukka]	חֲנוּכָּה
Pessach	[pesach]	פֶּסַח
Schawuot (Wochenfest)	[schavuot]	שָׁבוּעוֹת
Unabhängigkeitstag	[yom ha'atzma'ut]	יוֹם הָעַצְמָאוּת
Weihnachten	[chag ha'molad]	חַג הַמּוֹלַד
Ostern	[pas'cha]	פַּסְחָא
Ramadan	[ramadan]	רַמַדָאן
Islamisches Opferfest	[id el adcha]	עִיד אֶל-אַדְחָא
Feiertag	[chag]	חַג
Fest / Feier	[chagiga]	חֲגִיגָה
Frohes Fest	[chag same'ach]	חַג שָׂמֵחַ
Geburtstag	[yom huledet]	יוֹם הוּלֶדֶת
Herzlichen Glückwunsch	[masal tov]	מַזָל טוֹב

Übung 18: Feiertage zuordnen

Schreiben Sie die Feiertage und Feste, die in Israel gefeiert werden, auf Hebräisch zur zugehörigen Religion.

1. Judentum **יַהֲדוּת** [yahadut]

___

2. Islam **אִסְלָאם** [islam]

___

3. Christentum **נַצְרוּת** [natzrut]

___

Lösungen

Die Vokalzeichen

1 1. תָ, תַ; הֵ, הֶ oder הֱ;
2. רָ, רַ, לֶ;
3. סָ, סַ; דָ, דַ;
4. צֵ, צֶ; שָׁ, שַׁ

2 1. [cha]; 2. [ta]; 3. [cha]; 4. [ta]; 5.[se]; 6. [de]; 7. [ra]; 8. [tza;]; 9. [ga]; 10. [te]; 11. [che]; 12. [ne]

3 1. [bi]; 2. [ha]; 3. [ti]; 4. [ya]; 5. [scha]; 6. [si]; 7. [pe]; 8. [ne]; 9. [gi]; 10. [ke]; 11. [mi]; 12. [ki]

4 1. [schir]; 2. [yam]; 3. [schemesch]

5 1. [lo] לוֹ; [hu] הוּ; 2. [ku] קֻ; [bo] בֹ

6 1. [schu]; 2. [ko]; 3. [nu] ; 4. [so]; 5. [so]; 6. [tzu]; 7. [ti]; 8. [ko]; 9. [di]; 10. [ro]; 11. [hi]; 12. [po]

7 1. [schalom]; 2. [seret]; 3. [rusit]; 4. [mitz]

8 1. מָ/מַ; 2. סִ; 3. גֵ/גֶ; 4. לָ/לַ; 5. נִ; 6. זֵ/זֶ; 7. רֻ; 8. שׂ

9 1. [dai]; 2. [pey]; 3.[sai]; 4.[chey]; 5.[sey]; 6.[bai]; 7. [tey]; 8. [vey]; 9. [gai]; 10. [fey]; 11. [rai]; 12.[chai]

10 1. [bait]; 2. [beyt kafe]; 3. [sinai]; 4. [teyman]; 5. [sait]

11 1. [i]; 2. [e]; 3. [a]; 4. [u]; 5. [ey]; 6. [e]; 7. [ay]; 8. [u]; 9. [o]; 10. [i]; 11. [a]; 12. [ay]

12 1. [avoda]; 2. [aviv]; 3. [ahava]; 4. [iton]

13 1. [gvina]; 2. [ivrit]; 3. [le'an]; 4. [be'emet]; 5. [sman]; 6. [yeladim]

14 1. [a]; 2. [ge]; 3. [lay]; 4. [hu]; 5. [so]; 6. [nu]; 7. [ey]; 8. [che]; 9. [ya]; 10.[tzey]; 11.[fa]; 12. [ki]; 13.[schi]; 14.[o]; 15. [ka]; 16.[cho]; 17.[rey]; 18.[se]; 19.[mi]; 20.[sche]; 21.[bay]; 22.[tu]; 23.[da]; 24.[i]

15 1. [ain]; 2. [yeruschalaim]; 3. [beseder]; 4. [lo]; 5. [mischpacha]; 6. [sait]; 7. [tamar]; 8. [musika]; 9. [tel aviv]; 10. [chanut]; 11. [schulchan]; 12. [perach]; 13. [k'tzat]; 14. [lev]; 15. [me'il]

Die Druckschrift

1 1. [hi]; 2. [hay]; 3. [ah]; 4. [aya]; 5. [ya]

2 היום אין שיעור בביתה. כל התלמידים במוזאון.
מה הם עושים שם? הם לומדים על היסטוריה ועל
אומנות. המורה מסביר הכול עם הרבה סבלנות.
השיעור נגמר וכולם הולכים לאכול גלידה.

3 1. [mi]; 2. [ima]; 3. [matana]; 4. [ani]; 5. [ata]; 6. [ma]

4 1. [ah] - אָה; 2. [ani] - אֲנִי; 3. [hay] - הַיי; 4. [hi] - הִיא;
5. [ma] - מָה; 6. [matana] - מַתָנָה; 7. [ata] - אַתָה

5 1. יין; 2. מים; 3. נתן; 4. ים

6 1. [mi ata?]; 2. [hay, ani mati!]

7 בישראל יש הרבה חיות: גמלים במדבר, דגים בים, ויעלים בהרים או בגני חיות, לדוגמה בגן החיות הגדול ליד ירושלים.

אבל הרבה חיות לא גרות בגן חיות, הם גרות ביחד עם בני האדם.

בירושלים גרים הרבה חתולים, אבל בתל אביב גרים יותר כלבים.

8 1. [glida]; 2. [yeled]; 3. [degel]

9 1. גלידה; 2. דגל; 3. ילד; 4. מתנה

10 1. Welle [gal]; 2. Fisch [dag]; 3. Mädchen [yalda]; 4. warum [lama]

11 1. אישה; 2. ישׂראל; 3. שמש; 4. שׂרה; 5. גשם

12 1. [scheleg]; 2. [har]; 3. [yeruschalaim]; 4. [ischa]

13 1. שלג; 2. שמש; 3. ירושלים; 4. הר

14 1. [schemen]; 2. [smoll]; 3. [schana]

15 1. [se]; 2. [more]; 3. [melach]; 4. [lechem]; 5. [yericho]; 6. [sot]

16 1. תלמיד; תודה; תורה; תה; 2. טונה; טלית; טחינה; טיול

17

ק	ט	ד	י	מ	ל	ת
ט	ש	י	ג	ל	ם	ו
י	ה	נ	י	ח	ט	ד
ו	א	ג	ט	ה	ח	ה
ל	י	ד	מ	ר	א	ש

18 1. [seret]; 2. [ir]; 3. [kadima]; 4. [uga]; 5. [kaw]

19 1. שיחה; שמלה; שמח; 2. סטודנט; סלע; סליחה

20

ע	ה	ח	י	ל	ס	ד	א	כ	שׁ
ט	צ	נ	מ	ג	ל	ק	שׁ	ם	ח
ס	ן	שׁ	ז	י	ע	ג	ה	ס	ל
ס	שׁ	נ	ט	ת	ד	ס	ט	מ	ע
ז	מ	צ	מ	ע	ה	ח	י	שׁ	א
ס	ח	ג	שׁ	ל	ק	א	ו	נ	ט

21 1. ארץ; 2. צלחת; 3. מצוין; 4. מיץ; 5. מצרים
22 1. [ya'el studentit]; 2. [se metzuyan]; 3. [slicha, ata yitzchak]
23 1. [bait]; 2. [kita]; 3. [achschaw]; 4. [profesor]
24 1. איפה; 2. דרך; 3. אלף; 4. מכתב; 5. בריך; 6. סוף
25 1. אדום; 2. קיבוץ; 3. בביף; 4. גן; 5. מלך; 6. כסף; 7. עץ

Die Schreibschrift

1 אה - אה; הי - הי; תה - תה; אי - אי; ה - ה; ת - ת; י - י; א - א

2 1. אה - אה; 2. היא - היא; 3. אתה - אתה; 4. את - את; 5. היי - היי;
6. אה; 7. היא; 8. את; 9. אתה; 10 היי

3 נת - נת; יי - יי; ני - ני; מה - מה; ה - ה; נ - נ; י - י; מ - מ

4 1. אימא; 2. אני; 3. מי; 4. הינה

5 זאת נעמי וזאת מרים.
הן לומדות כל היום ביחד. אחר כך הן הולכות לים. שם
הן נפגשות עם החברים ועם החברות שלהן. הם שותים
יין, אוכלים: לחם, חומוס, זיתים, גבינה, ביצים וגם עוגה.
כולם מאוד נהנים והם עושים חיים.

6 1. מים; 2. ים; 3. נתן; 4. יין; 5. מתנה

7 לא - לא; דן - דן; גם - גם; ג - ג; ד - ד; ל - ל

8 1. דג - דג; 2. למה - למה; 3. גן - גן; 4. ילד - ילד; 5. דגל - דגל;
6. לא - לא; 7. מאה - מאה; 8. גמל - גמל; 9. גן; 10. לא; 11. ילד; 12. למה;
13. גמל; 14. מאה; 15; דג; 16; דגל

9 1. ישראל; 2. גמל; 3. אישה; 4. שם; 5. גלידה; 6. דג; 7. מדינה; 8. שיר

10 1. תלמיד; 2. למה; 3. אתה; 4. שיר

א	ת	ש	ם	ר	א	נ
ת	ל	מ	א	ש	ת	ד
ש	מ	ה	מ	ל	ש	ש
ל	י	ם	ד	י	י	י
ד	ד	נ	ה	ה	ר	א
ה	ו	ן	ל	ל	נ	ת
י	ת	ה	ת	א	מ	ה

11 1. איש - איש; 2. אישה - אישה; 3. דלת - דלת; 4. ישראל - ישראל;
5. שיר - שיר; 6. אמת - אמת, 7. יד - יד; 8. ישר - ישר; 9. לילה - לילה;
10. תייר - תייר; 11. איש ; 12. אישה; 13. דלת; 14. ישראל; 15. שיר; 16. אמת;
17. יד; 18. ישר; 19. לילה; 20. תייר

12 1. [schemesch] שמש; 2. [scheleg] שלג; 3. [ischa] אישה; 4. [gamal] גמל;
5. [talmidim] תלמידים

13 - חת; אז - אז; טו - טו; זה - זה; ח - ח; ו - ו; ט - ט; ו - ו; ח - ח; ז - ז
לו - לו; חו - חו; חת

14 1. מורה; 2. זמן; 3. טחינה; 4. תודה; 5. חלום

15 1. מורה - מורה; 2. לחם - לחם; 3. שיר - שיר; 4. זית - זית;
5. טחינה - טחינה; 6. מלח - מלח; 7. אז - אז;
8. חודש - חודש; 9. מורה; 10. לחם; 11. זית; 12. טחינה; 13. מלח;
14. שיר; 15. אז; 16. חודש

16 1. תודה; 2. מלח; 3. זה; 4. שלום; 5. זמן; 6. טיול; 7. לחם; 8. מנטה

17 זמן; לחם; שלום; תודה

18 1. [toda]; 2. [tiyul]; 3. [anchanu]; 4. [schalom]; 5. [sol]; 6. [osen]

19 1. א - א; 2. ק - ק; 3. ס - ס; 4. ש - ש; 5. ע - ע

20 הג - הג; סע - סע; קו - קו; ה - ה; ח - ח; ק - ק; א - א; ו - ו; ע - ע; ס - ס
שא - שא; נל - נל; קז - קז; תט - תט

21 1. עין - עין; 2. רק - רק; 3. נעים - נעים; 4. שוקולד - שוקולד;
5. רגע - רגע; 6. מסעדה - מסעדה; 7. מטוס - מטוס; 8. עיר - עיר; 9. סרט - סרט; 10. עין; 11. מטוס; 12. עיר; 13. סרט; 14. רגע;
15. מסעדה; 16. שוקולד; 17. רק; 18. נעים

22 1. סלט; 2. עוגה; 3. קולה; 4. סטודנט

23 1. מצוין; 2. ארץ; 3. מצרים; 4. קצת; 5. קיץ

24

ר	ם	נ	ו	ץ	י	ק
ו	ג	ד	מ	ע	ת	צ
ש	ה	ח	צ	ל	ט	ת
נ	א	ק	ו	מ	כ	ס
ו	י	ר	י	ק	צ	ם
ץ	ר	א	ן	ס	כ	ל
ע	ם	י	ר	צ	מ	י

25 1. [mitz]; 2. [ma nischma]; 3. [slicha]; 4.[matz'chik]; 5. [olam]; 6. [salon]

26 בי - כי; פם - פם; בו - כו; ב - ב; פ - פ; ב - כ

27 1. בית; 2. מכתב; 3. ספר; 4. פיל

28 1. בסדר - בסדר; 2. סובר - סוכר; 3. איפה - איפה;
4. עברית - עברית; 5. שפה - שפה; 6. בקבוק - בקבוק;
7. בסדר; 8. סוכר; 9. איפה; 10. עברית; 12. בקבוק

29 1. כסף; 2. דרכון; 3. אלף; 4. מלך; 5. קפה; 6. כיתה

30 1. אדום; 2. קיבוץ; 3. בכיף; 4. גם; 5. תאריך; 6. חורף; 7. ארץ; 8. איך

Der thematische Wortschatz

1 1. בְּבַקָּשָׁה - תּוֹדָה; 2. שָׁלוֹם - לְהִתְרָאוֹת; 3. לַיְלָה טוֹב -
בֹּקֶר טוֹב; 4. לְחַיִּים - בְּתֵאָבוֹן; מָה נִשְׁמַע - אֶצְלִי הַכּוֹל טוֹב

2 1. בוקר טוב, מה נשמע?; 2. שלום! אצלי הכול טוב!;
3. בתאבון!; 4. תודה, להתראות.

3 1. בוקר טוב, שלום, ערב טוב, לילה טוב;
2. קוראים לי, אני מגרמניה; 3. כמה זה עולה?, איפה יש

4 שתיים; שבע; ארבע; אחת; תשע; אפס; שש; תשע; חמש; שלוש;
עשר; שמונה

5 2. מחר יום שלישי; 3. בשבת; 4. ביום שני; 5. מחר יום רביעי;
6. ביום חמישי; 7. היום יום שישי

6 1. אייר; ניסן; אדר; 2. אב, תמוז, סיוון; 3. אלול, תשרי, חשוון;
4. שבת; טבת, כסלו

7 3. דצמבר \ נובמבר; 4. תשרי; 5. שבט; 6. יוני

8 1. הכותל המערבי; 2. כיפת הסלע; 3. ים המלח; 4. מצדה

9 1. פלאפל; 2. חלווה; 3. חומוס; 4. פיתה

10 1. פלפל, בצל, אבוקדו, עגבניה, מלפפון;
2. רימון, תפוח, לימון, תפוז, מנגו; 3. נענע, פטרוזיליה

11 1. תה עם נענע; 2. קפה טורקי; 3. הפוך; 4. לימונענע

12 1. מזלג; 2. בוקר ארוחת; 3. קינוח

13 1. ישראל; 2. ספרד, 3. יוון; 4. ארצות הברית

14 1. אוּסְטְרִיה - וִינָה; 2. יִשְׂרָאֵל - חֵיפָה; 3. מִצְרַיִם - קָהִיר;
4. גֶּרְמַנְיָה -- מִינְכֶן; 5. צָרְפַת - פָּרִיז; 6. יָוָון - אָתוּנָה;
7. לְבָנוֹן - בֵּירוּת; אַנְגְלִיָה - לוֹנדוֹן; - ניו יורק
ארצות הברית

15 1. בית קפה; 2. תחנה; 3. סופרמרקט; 4. תיאטרון

16 1. חום, שמש; 2. ירח, כוכב, שקיעה; 3. ערפל, קור, שלג

17 1. מדבר; 2. חול; 3. נהר; 4. עיר

18 1. פסח, חנוכה, סוכות, יום כיפור, ראש השנה;
2. עיד אל-אדחא, רמדאן; 3. פסחא, חג המולד

PONS
Schreiben üben!
HEBRÄISCH

Die Schriftzeichen Schritt für Schritt
lernen und trainieren

von Tina Weidemann

Bildnachweis: U1, 51.2 Getty Images (vvvita) München; **4** Getty Images (blueenayim) München; **6.1** Shutterstock (Daria Nor) New York; **6.2** Shutterstock (meunierd) New York; **10** Adobe Stock (Slanapotam) Dublin; **21** Adobe Stock (vadiml) Dublin; **30.1** Shutterstock (Elena Veselova) New York; **30.2** Getty Images (kolderal) München; **30.3** Adobe Stock (Jacob Lund) Dublin; **30.4, 51.5** Shutterstock (realpeople) New York; **31** Shutterstock (Alice Tomassini) New York; **33.1, 57.2** Thinkstock (likeajoke) München; **33.2, 57.1** Thinkstock (frankoppermann) München; **33.3** Adobe Stock (Horváth Botond) Dublin; **33.4** Adobe Stock (Bar) Dublin; **36** Adobe Stock (polack) Dublin; **41.1** Shutterstock (Vered Barequet) New York; **41.2** Shutterstock (Roman Yanushevsky) New York; **43** Shutterstock (Alicja Graczyk) New York; **47** Shutterstock (SingerGM) New York; **51.1** Shutterstock (r.classen) New York; **51.3** Fotolia (Rido) New York; **51.4** Shutterstock (Alessandro Cristiano) New York; **57.3** iStockphoto (Yuri_Arcurs) Calgary, Alberta; **57.4** Fotolia (Hunta) New York; **57.5** Adobe Stock (yanlev) Dublin; **63** Shutterstock (TamuT) New York; **66** Shutterstock (Kvitka Fabian) New York; **71** Adobe Stock (Kira) Dublin; **78.1** Shutterstock (ultimathule) New York; **78.2** Shutterstock (djgis) New York; **78.3** Thinkstock (Reinhold Foeger) München; **78.4** Shutterstock (mkrol0718) New York; **79.1** Shutterstock (Ido) New York; **79.2** Shutterstock (Ivoha) New York; **79.3** Getty Images (RuslanDashinsky) München; **79.4** Getty Images (liorpt) München; **80.1** Getty Images (ALLEKO) München; **80.2** Shutterstock (bells7) New York; **80.3** Shutterstock (baibaz) New York; **80.4** Adobe Stock (Moving Moment) Dublin; **82.1** Shutterstock (Pakhnyushchy) New York; **82.2** Shutterstock (Levent Konuk) New York; **82.3** Adobe Stock (mehmetcan) Dublin; **82.4** Shutterstock (actistudio) New York; **84.1** Fotolia (petra b.) New York; **84.2** Getty Images (dikobraziy) München; **84.3** Fotolia (jokatoons) New York; **84.4** Comstock RF (Comstock RF); **86.1** Adobe Stock (efesenko) Dublin; **86.2** Adobe Stock (利文 小島) Dublin; **86.3** Shutterstock (Roman Yanushevsky) New York; **86.4** Adobe Stock (Wirestock) Dublin; **88.1** Adobe Stock (George) Dublin; **88.2** Shutterstock (Daxiao Productions) New York; **88.3** Adobe Stock (Ахтем) Dublin; **88.4** Adobe Stock (安琦 王) Dublin

2. Auflage 2025

Projektleitung: Christine Lippet
Korrektorat: Talya Reiter
Logoentwurf: Erwin Poell, Heidelberg
Logoüberarbeitung: Sabine Redlin, Ludwigsburg
Layout und Satz: Satzkasten, Stuttgart
Druck und Bindung: Multiprint Ltd., Kostinbrod

ISBN: 978-3-12-562444-3